"中国劳模"系列丛书

U0726661

中国劳模

城轨"铁骨"的筑梦人

臧兰兰

郑富芹◎著

吉林出版集团股份有限公司
全国百佳图书出版单位

图书在版编目（CIP）数据

城轨"铁骨"的筑梦人：臧兰兰/郑富芹著. --
长春：吉林出版集团股份有限公司，2024.3
（"中国劳模"系列丛书/徐强主编）
ISBN 978-7-5731-4400-3

Ⅰ.①城… Ⅱ.①郑… Ⅲ.①臧兰兰–传记 Ⅳ.
①K826.16

中国国家版本馆CIP数据核字（2024）第012287号

CHENGGUI "TIEGU" DE ZHU MENG REN: ZANG LANLAN

城轨"铁骨"的筑梦人：臧兰兰

出 版 人	于　强	
主　　编	徐　强	
著　　者	郑富芹	
组稿统筹	东北师范大学文学院创意写作研究中心	
责任编辑	李　鑫	
装帧设计	刘美丽	

出　　版	吉林出版集团股份有限公司	
发　　行	吉林出版集团社科图书有限公司	
地　　址	吉林省长春市南关区福祉大路5788号　邮编：130118	
印　　刷	唐山富达印务有限公司	
电　　话	0431-81629711（总编办）	
抖 音 号	吉林出版集团社科图书有限公司　37009026326	

开　　本	710 mm×1000 mm　1/16	
印　　张	8	
字　　数	85 千字	
版　　次	2024 年 3 月第 1 版	
印　　次	2024 年 3 月第 1 次印刷	

书　　号	ISBN 978-7-5731-4400-3	
定　　价	45.00 元	

如有印装质量问题，请与市场营销中心联系调换。0431-81629729

序 言

　　劳动创造财富，劳动创造幸福，劳动创造未来。习近平总书记在2020年全国劳动模范和先进工作者表彰大会上的讲话中指出："全社会要崇尚劳动、见贤思齐，加大对劳动模范和先进工作者的宣传力度，讲好劳模故事、讲好劳动故事、讲好工匠故事，弘扬劳动最光荣、劳动最崇高、劳动最伟大、劳动最美丽的社会风尚。"当今世界，综合国力的竞争归根到底是科技人才和高素质劳动者的竞争。改革开放以来，我们强大的工人队伍用辛勤的劳动和拼搏奉献的精神推动中国制造、中国智造、中国创造走向世界的前列，新时代的中国面貌日新月异。大力弘扬劳模精神、劳动精神、工匠精神，加强高素质技能人才队伍建设，打造一支宏大的知识型、技能型、创新型劳动者队伍，是伟大时代赋予我们的历史责任。

　　劳动模范是民族的精英、人民的楷模，是共和国的功臣。自改革开放以来，广大职工勇立改革潮头，独立自主，奋发图强，勇于创新，其中涌现出一批批全国劳模和大国工匠。他们参与建设了代表中国高度、中国速度、中国深度的一系列重大工程，提升了国家实力，打造了"中国名片"，树立了"中国品牌"，增添了"中国力量"，充分释放出工人阶级的创新活力，展示出大国工匠的强大创造力。他们以工人阶级的满腔热忱在各自平凡的工作岗位上取得了辉煌的成绩，书写了新时代的壮丽篇章。

爱岗敬业、争创一流、艰苦奋斗、勇于创新、淡泊名利、甘于奉献的劳模精神，崇尚劳动、热爱劳动、辛勤劳动、诚实劳动的劳动精神和执着专注、精益求精、一丝不苟、追求卓越的工匠精神，是广大劳动群众在社会生产实践中锤炼形成的弥足珍贵的精神财富，是工人阶级伟大品格的具体体现，是民族精神和时代精神的生动诠释。民族复兴需要劳动模范，祖国强盛需要大国工匠，中国制造、中国智造、中国创造更需要大国工匠的强有力支撑。劳模、工匠等的成长故事、先进事迹中承载的劳模精神、劳动精神和工匠精神，是激励全国各族人民团结奋斗、勇往直前的强大精神力量。

"中国劳模"系列丛书，采用图文结合的方式，讲述全国劳模、大国工匠和先进工作者们的成长经历及他们追梦、筑梦、圆梦的故事，用他们在平凡岗位上创造不平凡业绩的真实故事感染读者，推动形成劳动最光荣、劳动最崇高、劳动最伟大、劳动最美丽的社会风尚，引导广大技术工人和青少年形成劳动光荣、技能宝贵、创造伟大的观念。

"匠心筑梦，强国有我。"新时代是一个万象更新、生机勃勃的时代，也是一个继往开来、创新创业和建功立业的大时代。希望广大读者能以劳动模范为榜样，以大国工匠为楷模，立志技能报国、技术强国，踔厉奋发，勇毅前行，锤炼思想品格，汲取劳动智慧，勇于担当、勤于钻研、甘于奉献，为推进新型工业化和乡村振兴，为加快建设制造强国、质量强国、航天强国、交通强国、网络强国、数字中国、农业强国，全面建设社会主义现代化国家贡献青春力量。

中华全国总工会副主席（兼）

中国航天科技集团有限公司第一研究院

211厂14车间高凤林班组组长

2022年11月

臧兰兰，女，满族，中共党员。1976年3月出生于辽宁省大连市庄河县（现庄河市）。1999年7月毕业于大连铁道学院，并入职中车大连机车车辆有限公司（原大连机车车辆厂）工作，现任中车大连机车车辆有限公司城铁开发部车体室主任。全国劳动模范，辽宁省劳动模范，教授级高级工程师。

臧兰兰在庄河农村长大，她的父母都是农民。在那个贫穷的年代，臧兰兰没有因为条件的艰苦停止自己前进的步伐，而是靠着自己骨子里的韧劲儿和敢于创新的精神，在城轨车辆研发设计的道路上披荆斩棘、大放异彩，开辟了一条优秀设计工程师的发展之路、蜕变之路。

2008年，公司中标天津地铁2号线的项目设计工作，臧兰兰首次独立担任项目车体设计负责人。

2010年，为适应国内外轨道交通行业的发展，公司成立城轨技术开发部，由臧兰兰担任城轨车辆车体设计团队的负责人。在2010—2020年间，臧兰兰带领团队成员完成了首台铝合金车体、太原地铁2号线无人驾驶车辆和低地板有轨电车等多个项目，与团队成员一起克服了城轨车辆设计的一个又一个难题，实现了公司铝合金车体设计"零的突破"。

2017年，臧兰兰被授予辽宁省劳动模范荣誉称号。

2018年10月，一个以学习为基，以创新为魂，让员工能够掌握新技术、了解新理念、推广新经验、解决新难题的创新工作阵地——"臧兰兰劳模创新工作室"诞生了。

2019年8月，臧兰兰搭建起城铁车辆设计共享平台，为技术的积累、传承与创新打下了坚实的基础。同年，臧兰兰荣获全国五一巾帼奖章。

2020年，臧兰兰被授予全国劳动模范的荣誉称号。

日新月异破桎梏，锲而不舍逐梦飞。臧兰兰用火一样的热情，火一样的温暖，始终奋战在城轨车辆研发设计的第一线，并将这种弃旧开新、迎难而上的精神继续传承了下去。

目　录

第一章　快乐童年，好学不倦

桂云花乡——东北的一面镜子

庄河市，又叫红崖子，位于辽东半岛东侧南部，黄海的北岸，隶属于大连市。从"这里"（庄河）向西北边望去，是山明水秀的桂云花满族乡（以下简称桂云花乡），臧兰兰从小就和家人生活在这座山区的乡镇上。桂云花乡位于碧流河水库上游，是当地重要的水源地，沿海的地理位置和丘陵地貌造就了桂云花乡宜人的气候环境。

20世纪七八十年代，各种物资大多凭票供应，村子里的农民靠出工挣的工分兑换粮食。桂云花乡生产队的队部场院建在桂云花山山脚下空旷的原野上，人们用院墙和篱笆简单地围挡起来，院内的楼梯上连接着锈迹斑驳的铁制扶栏，门口立着一块看不清文字的牌匾。

桂云花乡的冬天，白天西北风一吹，光秃秃的树枝摇摇晃晃，映衬着灰蒙蒙的天空，给原本就冷的北方增添了一丝肃杀的气息。院里的男男女女大都身着纯棉黑灰色的老式军装，脚上套着手工毛窝子。男人们头戴土黄色的毛茸茸的狗皮帽，将脖子缩进衣领里，双手插进袖口，恨不得把整个身体都缩进衣服里。

但这样的天气是难不住勤劳的东北人民的。即便耳朵冻得通红，手指关节处冷得发痒，他们依然践行着"日出而作""耕田而食"的劳动理念。清晨，他们与晨雾、露水相伴。下午收工的时候，院里的人们就像开了阀门的水流，一拥而出，散落在街道上、自行车车棚里。放眼望去，原本冷清的大街上突然开始攒动着一个个黑灰色的小圆点，黑蓝的圆点与灰白的背景相互映衬，给静止得如同黑白相片般的北方冬天增添了许多活力。

严寒、凛冽的气候环境，反倒铸就了生活在这里的人民热情、坚毅的性格。

臧兰兰的父母务农。父亲是个热心肠的人，与人为善、乐于助人，经常帮队里的人修理指甲刀、机械表等各种各样的小器具，大家都叫他"活雷锋"。在当时，除了这些小的日用器件，自行车也逐渐开始普及，臧兰兰在马路边经常可以看到父亲头戴一顶破烂的斗笠，手里拿着尖嘴钳和手锤，蹲在地上，耐心细致地帮路人修理自行车。

臧兰兰的母亲朴实、勤劳、沉稳。在她眉毛下面，闪动着一双充满希望的眼睛。说话的时候，会露出满口洁白的牙齿。她的声音高昂而有力量，在大街上总能听到她爽朗的谈笑声。在爱美的年纪里，她却总是穿着一条蓝布便裤，佝偻在田地里。那时候农业机械化水平低，工具也只有一些铁锹、铲子和锄头，高级一点儿的机器就是手扶拖拉机。翻土、播种、浇水、除草，这些农活儿的步骤看似简单，却需要足够的耐心和能吃苦的精神。每一件小小的农活儿，母亲都认认真真亲力亲为，体现出那个年代农民身上特有的一股子韧劲儿。

臧兰兰出生于1976年的春天。父亲与人为善、乐于助人和母亲的朴实沉稳、吃苦耐劳的精神，对臧兰兰的成长产生了深刻的影响，奠定了她一生不抛弃、不放弃、迎难而上的性格基调。"臧兰兰"这个名字是父亲取的。他认真查阅了厚厚的词典和多本典籍：寒夜里，烛灯旁，他把书本放在穿着深黑色棉裤的大腿上，一页一页地翻看，终于确定了"兰"字，它源于屈原《九歌》中的"秋兰兮麋芜，罗生兮堂下。绿叶兮素华，芳菲菲兮袭予"，秋兰芬芳，麋芜①洁白，香气浓郁，沁人肺腑。父母希望自己的女儿能像高洁的兰花那样质朴率直、无人自芳，遂将"兰"字相叠，在她的生命之初，给予了她双重的祝福。

---

① 麋芜：即蘼芜，是川芎的苗，叶有香。

青衿之志

"天苍苍，野茫茫，风吹草低见牛羊"，如同诗中描绘的一样，从庄河向北望去，可以看到千山山脉的南延，山下是一片纯粹、辽远的草地，牛羊结队成群，撒了欢儿似的在这里奔跑。山上的河流从庄河向南流去，使小镇里水系纵横、河道密布，滋养了许多农田。

臧兰兰从小在庄河长大，儿时的她总是戴着大人的斗笠，拿着铝制的水壶，自打有记忆起，就跟着母亲去田地里捡谷穗、掰玉米，干一些琐碎的农活儿。坐在母亲脚蹬着的三轮车里，她手握着车斗上的把手，身子随着车子歪歪斜斜，感受着布满沙石的小道上一路的颠簸和摇晃。清晨上路，伴月而归，母亲那狭长的影子慢慢缩短，又拉长。

臧兰兰和母亲去农地的路上，总会经过三道岭小学。每天上午八九点钟，一轮红日高高悬挂在天空的时候，学校里同学们琅琅的读诗声和嬉戏打闹的笑声便像长了腿似的，跃过墙壁、穿过马路，溜进臧兰兰的耳朵里。每当这个时候，臧兰兰就会从母亲的三轮车里蹦出来，小跑着来到学校门口，双手扒在学校的红漆门上，眯着眼从门缝儿向里瞄。好一幅生机勃勃的景象啊：下课的时候，学生们成群结队地捉迷藏、跳方格、跳皮筋；等到上课了，几十个小学生齐刷刷地坐在课堂里，跟着老师学拼音汉字和加减算法。

学校里可真热闹呀！兰兰心里这样想着。看着学校里的哥哥姐姐们肩膀上沉甸甸的小书包和脖子上的红领巾，很是羡慕，她抬起小脑瓜儿对母亲说：

"妈妈，以后我也要来这里上学！"

清澈的眼睛里充满着对知识的好奇和对学校生活的向往。

兰兰一家条件并不宽裕，只依靠父母自己耕种的一亩三分地打下来的粮食维持生计。除了日常生活的吃、穿、住、行和赡养老人以外，孩子的教育也是一笔不小的费用。兰兰的父母深知学习对于一个孩子的重要性，他们省吃俭用，为给兰兰攒够去上学的费用，一年到头，只有过年过节，或者家里来客人的时候才能吃上一顿肉食。

1983年，兰兰7岁了，到了该上学的年纪。

母亲从做衣服的店铺买来几块颜色不同、材质各异的碎布料，耐心细致、一针一线地为兰兰缝制了一件漂亮的纯棉上衣和一条尼龙材质的喇叭裤，并用剩余的边角料做了一个背包，里面装上了兰兰上学所需的水杯和文具。父亲把手搭在兰兰小小的肩膀上，用低沉的声音郑重其事地嘱咐她："去学校后要认真听讲，不要马虎，和大家友好相处，团结同学，将来要做一个对国家、对社会有用的人。"

看着父亲严肃的脸庞，7岁的兰兰庄重地点点头，她隐约觉得这是一件光荣而艰巨的任务。她牢牢地把这些话记在心里，欣喜地穿上新衣，背上新包。望着眼前崭新的一切，她又蹦又跳，眼里充满了坚定的光。

书山有路勤为径

1989年期末考试后，臧兰兰和同学们结伴来到学校查成绩，她得知自己以全乡第一的优异成绩升入了初中。看着自己的名字高居榜首，她激动得蹦了起来，小跑着回家，把这个令人振奋的消息告诉了自己的父母。父母深感欣慰，流下了喜悦的泪水，接着又把这个好消息传递给了臧兰兰的爷爷奶奶、左邻右舍。一时间，"臧兰兰考了全乡第一"的消息不胫而走。

升入初中之后，兰兰自觉长大了不少，心境也悄然发生了一些变化，她变得愈加沉稳。在她的眼里，上课学到的东西不仅仅是课本上的知识点，教师的言传身教更是让兰兰接触到了人生的大课题，兴趣、理想、未来这些课题启发着她的思考。

也正是在这一时期，性格安静的臧兰兰渐渐发现了自己的兴趣——做手工。下课后的臧兰兰，既不会和同伴们一起丢沙包，也不会跳皮筋，而是独自一人找一个安静的角落，埋头趴在桌子上回忆着老师在数学课上讲到的有趣的画图知识和几何原理，拿着角度尺和铅笔头，严谨而细致地将自己小脑瓜儿里的种种想法，一笔一画，变成草稿纸上的草图、桌面上的手工作品。同学们发现臧兰兰的"小制作"后，纷纷惊叹不已，也放下手中的沙包，学着她的样子，做起了简单的手工。臧兰兰看着周围小伙伴们认真的样子，她的心里充满了成就感，设计制作的种子渐渐在她的心里扎根、萌芽。

成为一名设计师，不仅仅需要极大的热情、无畏的勇气，更要有扎实深厚的知识基础和坚强的意志力。自那时起，这小小的种子便在臧兰兰的心里播种下去，她默默盘算着，上高中、读大学，多积攒一些知识，开阔视野。丰富自己、充实自己，将来为祖国的繁荣、民族的昌盛与科学技术的发展做出自己的贡献。

抉择：中专还是高中？

1989年，臧兰兰听取了父母的建议，结合当时对自己家庭情况的考虑，选择留在农村初中读书。令她想不到的是，三年后，当她站在中考这个岔路口上时，有两个决定人生走向的重要抉择摆在她的眼前。

1977年，是中华人民共和国成立后十分重要的一年。因为这一年，国家做出了恢复高考的重要决定。也正是这样一个决定，影响并改变了成千上万名普通孩子的命运，让他们有机会受到高等教育的滋养，而臧兰兰就是其中的一员。

在那个年代，城市在农村人的眼中，就像藏在云雾里的月亮。城市生活是每一个农村孩子所向往的。老一辈进城的梦想已经搁置，中年人又拖家带口，左牵右挂。唯有坐在教室里的学生们如同朝阳，肩负着两代人的梦想。他们年轻、有朝气、有梦想，还有着充足的时间和精力。

那时候农村的家庭条件大都比较困难，培养一个大学生的成本是非常高的。而大学的录取率极低，如同千军万马抢着过独木桥。若是读了高中却没有考上大学，那么大概率会成为一个城市的"边缘人"，过着居无定所的生活。而考上中专的学生不仅可以转城市户口，工作也是国家包分配，同样可以实现去城市生活的梦想。因此，考上中专是当时许多家长和孩子的理想，尤其在农村，这种想法更为普遍，许多农村孩子都希望自己能够尽快就业，养家糊口。

从小学到初中，臧兰兰的学习成绩一直不错，在学校一直都是名列前茅。但她也面临着同样的选择，是读中专还是继续读高中未来考大学？这成了困扰臧兰兰一家的问题。1992年，臧兰兰中考时发挥稳定，拿到了很高的分数。成绩下来那一天，一家人欣喜地抱在一起。

20世纪末，网络技术还不发达，信息也十分闭塞，很多消息只是道听途说。这天，臧兰兰像往常一样拿着竹篮去地里采摘，碰见了隔壁的邻居，这位邻居是名医生，正要出诊，他见臧兰兰一脸愁容，上前询问缘由。经过一番交谈，了解到臧兰兰在报考方面的迷茫，于是告诉她这样一句话："实体经济是国家发展的重中之重，如工业、制造业。"国家发展需要实体经济，人民的生活也离不开实体经济，这位邻居建议臧兰兰报考铁路专业，希望未来的她可以在交通命脉这条路上发光发热，实现自己的梦想和价值。

听完邻居的话，臧兰兰热血澎湃，内心的星星之火被点燃了，她暗暗地下定了决心。回到家后，父母问臧兰兰："兰兰啊，你想读中专还是读高中？"臧兰兰思索了片刻，毫不犹豫地说道："我要继续读高中，考大学，读铁路专业，为国家交通事业的发展做出自己的贡献！"看着女儿坚定的样子，父母非常高兴，脸上露出了欣慰的笑容。

就这样，臧兰兰步伐坚定地踏入了庄河最好的高中——庄河市高级中学。

具有过人的聪敏和惊人的毅力，这是了解臧兰兰的人对她的一致评价。正是这些最基本的素质，让她紧紧抓住了命运的缰绳。初中的知识浅显容易，而高中知识的难度大幅提升。虽说她系统地学习过基础知识，但没有老师的帮助，她在面对三角函数、解析几何时仍然是一窍不通，看着厚厚的一摞书，臧兰兰不知从哪儿学起。知识的贫乏使她就像一个营养不足的孩子，走起路来步履蹒跚。"要么不学，学就学好"，她暗暗在心里给自己鼓劲儿，开始发奋读书。她像一块干涸已久的荒田，如饥似渴地汲取着知识的雨露。三年里，她放弃了一切业余爱好，不仅熟练掌握了高中的数学和物理，而且还自学了许多课外知识。

臧兰兰的刻苦在同学中是出了名的，临近高考，做什么事情都喜欢动脑筋的臧兰兰决定"集中力量打歼灭仗"，集中攻克薄弱学科，学一点儿就弄懂一点儿，有效提高成绩。临近高考的时候，她开始了几乎是通宵达旦的苦读，实在困了才去睡一会儿。一个月下来，体重减了十几斤。

每天早晨，臧兰兰总是第一个到教室。从宿舍到教室大约有五分钟的路程。冬天天亮得晚，黑得早，去教室的路上周围静悄悄的，仰起头来可以看见深邃的天空中明亮的北斗七星，脚下则踏着一地的星光。而正午的校园里，东北风呼呼地划过奔跑着的臧兰兰的脸颊，吹得她的眼睛眯成了两条缝，还不住地往她的脖子里、袖口里、裤腿里钻。路上厚厚的积雪也被来往的学生踩得结结实实，走在上面双脚不住地打滑，随时有摔倒的危险。但实现自己制定的学习目标所带来的快乐是无与伦比的，即便在那样恶劣的环境中，臧兰兰依然可以感觉到梦想和知识带给她内心的富足与充实。

第二章　芳华待灼，与轨结缘

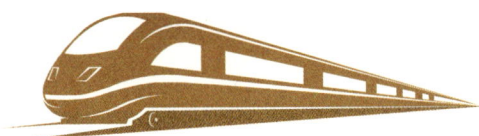

辞 乡

1995年的夏天，臧兰兰正和母亲在田地里除草播种。烈日炎炎，汗珠不住地从她们的额头上滑落，慢慢地浸透在衣裤里，蒸发在空气中，滴落在农作物上，与泥土融合在一起。

快晌午的时候，远处忽然传来一声浑厚有力的喊叫声："兰兰，你的录取通知书到了！"兰兰和母亲擦了擦汗，扭头望去，只见村支书徐大爷正大步流星地从地头跑来。"快拆开瞧瞧。"臧兰兰一听，连忙丢掉了手中的锄头，拍了拍身上的土，咧着嘴跑了过去。

盼星星，盼月亮，终于盼到了一纸书信。接过徐大爷手里的老式信封，臧兰兰开心得不得了，翻过来掉过去仔细端详着。褐色的牛皮纸信封，折叠得有棱有角，封皮上印着"录取通知书"五个大字，简朴素雅的背面则用深红色的圆形火漆紧紧地密封着，给这份原本就沉甸甸的"礼物"更添了一份重量和一丝庄严。

臧兰兰笑得合不拢嘴，双手在衣服上抹了抹手上的泥土，小心翼翼地撕开背面的红色火漆，从信封里慢慢地拿出来一张简洁的白纸。只见上面赫然印刷着"大连铁道学院"的艺术字样以及"学生入学通知"的鲜明标识。正文中交代了报到日期和户口办理流程。

从未离家的她，如今要到近二百公里开外的地方求学。看着手上这张薄薄的录取通知书，臧兰兰像是在看着决定自己生命走向的脉络节点。此时的她，心中思绪万千，既有一种对未来大学生活的期盼和向往，又夹杂了自己对陌生环境的些许担忧和焦虑。像是有两只上下乱窜的小鹿在心头左右碰撞，她的心情久久不能平复。

回家之后，臧兰兰的父母跑前跑后，着手忙碌着女儿上大学之前的准备工作。

父亲哼着小曲儿，将家里唯一的一辆自行车擦得锃亮，笑盈盈地骑上来到乡里的派出所户籍处，为女儿办理了户口迁移手续。

看到臧兰兰的录取通知，派出所的工作人员也赞不绝口："家里出大学生了，真优秀！怎么培养的呀？""这可是国家的栋梁之材……"

你一言，我一语，可把臧兰兰的父亲乐坏了。

回家的路上，父亲顺道去当地的集市上买了女孩子爱用的雪花膏，另外还买了一些好看的发卡、头绳等头饰品。他心里想着，女儿长大了，出去上学自然要漂漂亮亮的，好好打扮一番。母亲则在家里忙活，做一些针线活儿。她找出前几次做衣服剩下的边角料，东拼西凑，修修补补，一针一线地在臧兰兰的旧衣服上缝制了两个和衣服颜色相像的新布兜，并叮嘱兰兰用来装上学所需要用的钱。

就这样，臧兰兰在家人们的帮助下收拾好行李，准备出发了。

臧兰兰离开家这一天，母亲起了个大早，去厨房里拿出了昨晚熬夜包好的三鲜馅饺子，这是逢年过节或者接待客人时才准备的食物。母亲故意煮得久了一些，一两个饺子耐不住高温，撑破了肚皮，露出了"笑脸"。看着盘中的煮露馅了的饺子，臧兰兰愉快地喊着"挣个宝（包），挣个宝（包）"，这是一种对于未来生活的美好祝愿。

庄河的秋天，是一年中最美的季节。向远处极目而望，可以清楚地看到秋天到来的痕迹。晨光照耀下的步云山，山腰的绿色、红色、黄色、橙色，几种颜色层层叠叠，又在层叠交叉处融为一体。山下的河流曲曲折折，但都像商量好了似的，朝着南边齐头并进，层林尽染，百舸争流。这宜人的秋景映衬着臧兰兰脑海里对大学生活的无限憧憬。

终于坐上了去往沙河口的长途汽车，臧兰兰摆放好行李，又急忙挤到窗口，与送行的家人频频招手告别。

"父母不在身边，一个人到了学校那边要好好照顾自己呀，记得按时吃饭，早点睡觉，认真学习专业课知识，不要马虎松懈。"

"知道了，到那边会经常写信给你们的，我会想你们的。"

就这样，在父母的目送下，载着希望与美好祝福的长途汽车渐渐驶远了。

大连铁道学院

1995年9月13日，臧兰兰第一次坐上长途汽车，沿着辽东半岛最南边绵长的海岸线，颠簸了将近二百公里。

初到大连时，臧兰兰心中很是兴奋。在家乡的时候，她常常听人们说大连依山傍海，是一座风光旖旎、宜于人居的海滨城市。臧兰兰从未出过远门，只是从地理书上简单了解过大连的地理位置和人文风貌，知道它位于辽东半岛的南边，与庄河同临黄海，在地图上，两城相距不过几厘米。此次别样的"旅行"，让她感觉自己像是在地图上贴着海岸线穿行。

长途汽车走了小半天，终于到了目的地。

在车站等待学子们的是一辆墨绿色的解放牌卡车。从远处看上去，这辆卡车好似伏在地上的一只巨大甲虫。近看，车身高两米有余，外面涂着一层绿色的油漆，摸上去平整顺滑。车的侧面印着红色五角星的标志和"第一汽车制造厂"的字样。

可千万别小看这样一辆普通的汽车，解放牌汽车的出现，在中国的交通车辆史上具有十分重要的意义。

20世纪四五十年代，走在马路上，可以看见各式各样国外品牌的车辆来来往往，却唯独不见我们自己的品牌。1956年，国产第一辆解放牌汽车在长春第一汽车制造厂试制成功，这个消息激荡着全国人民的心，人们欢呼雀跃，中国人终于有了自己的汽车！它不仅标志着我国汽车工业的从无到有，更增强了全国人民的自信心和凝聚力。

"满载而归"的解放牌卡车驶向校园的时候，天色已经渐渐暗了下来。坐在卡车车斗里左右摇晃的臧兰兰，左手抓着车斗上的栏杆，右手拖着自己的行李袋。此时暮色沉沉，她内心也有一种说不出的平静。

卡车沿着马栏河继续向上游走，车行了大约十公里，过了后屯村不久，视野突然变得开阔，展现在人们面前的是一座座高山，而在山脚下，远远地出现了一排排整齐且布局对称的灰白色大楼，在稀疏的树丛之中显得格外壮观。门口的石墙上竖立着一个长长的牌匾，上面写着"大连铁道学院"六个大字。

学校很美，这是臧兰兰对大连铁道学院的第一印象。

大连铁道学院位于大连市的沙河口区，面朝宽阔的大海。学校一共有四座教学楼，楼与楼之间又留出了足够的空间，作为栽种花草、树木的绿化带。花簇丛生，十分好看。到了秋天的时候，路边成排的银杏灿烂若阳、枫叶似火、松树长青，红色、绿色、橙色构成了校园多彩的风景基调，也正因为如此，大连铁道学院是当时公认且当之无愧的"花园式学校"。

当臧兰兰迈进学校的大门时，就深深地被这校园环境吸引住了。她迫不及待地到学生宿舍放好行李，便和新同学一起穿行在学校各大建筑物之间，流连忘返，沉溺其中，等到记起来要回去的时候才发现自己已经迷路了。她沿着一条林荫小道慢慢走着，一边努力辨别着回去的路，一边欣赏着校园的景色。道路的尽头，是校史馆，走进去一瞧，里面的展品十分丰富，介绍了大连铁道学院从建校到现在的发展历程、重要历史时间节点和为国家车辆行业做出突出贡献的人物，这些都是大连铁道学院的精神财富和文化历史积淀。

大连铁道学院最初叫大连机车车辆制造学校，1958年，升格为大连铁道学院，隶属原铁道部，是一所以工为主，兼有文理学科的综合性大学。2002年2月，划转为辽宁省政府管理。2004年5月，更名为大连交通大学。"明德求索，锲而不舍"是镌刻在大理石纪念碑上的校训。

刚刚迈入大学校园的臧兰兰，基础知识还很匮乏，她发奋读书，不仅努力地学习着专业课知识，还自学了许多课外知识，充分地汲取知识的营养。

开学典礼这一天，学生们身穿便服，以学院为单位在操场上整齐站列。学校刘校长在开学典礼上慷慨致辞，诉说着学院的美好愿景和对莘莘学子的殷切期盼。台上的他慷慨激昂，散

⊙ 上图　1995年9月，臧兰兰（右三）在大学校园与同学合影
⊙ 下图　1999年6月，臧兰兰（前排左二）大学毕业前夕与同学合影

发着满腔的热诚，他就是校训里"明德求索，锲而不舍"的化身，他教导学生要明理修身，也要求知探索，有恒心亦要有毅力。这不仅是一种治学的宗旨，更是一种做人的道理。在臧兰兰求学的四年里，她一直谨记刘校长的话，并努力在学习和生活中践行。

机车车辆专业的天空

在大学生活中，最重要也最令臧兰兰难以忘怀的是和同学们一起拼搏奋斗的那段日子。

除了学校原本设置的专业课程，大连铁道学院还吸引了许多由京津来到沙河口的优秀教师。他们住进了沙河口的西农村。那里修建了一排排家属房，年龄大一些的老师，自1959年起就陆续来到了这里，几十年的时间里，从未离开。

1998年，臧兰兰已经大学三年级了，此时的她已经具备了扎实的学科专业知识，真正进入机车车辆专业的课程实践，并有幸接触到了许多这个领域中专业背景和文化素养极高的指导老师。他们不仅在专业知识上悉心地传授了自己的毕生所学，同时在精神上、人格上也给予了臧兰兰潜移默化的滋养。这对于刚刚起步的"车辆小白"臧兰兰来说，是一笔无形且不可量化的人生财富。

随着对机车车辆知识的深入了解，臧兰兰也越来越喜欢这个专业。大四的下学期，学校安排了机车车辆专业学生的实践任务，这意味着可以更好地将大学三年学到的理论知识与实践相结合，这令臧兰兰十分向往，欣喜不已。

实践过程中，为了让同学们更好地掌握机车车辆的专业知识，老师会定期带领学生到车间、学校附近的工厂或者铺满城轨车道的地方，整体地认识和了解机车的运行环境和车体构成，以及轨道路线的建设规律和中国机车车辆的发展历程。让学生获得对机车车辆行业的更为直观的体验和感性认识，这是在书本上难以学习到的知识，更是短暂而宝贵的实践经验。

在学生对车辆、车道有了一个宏观的把握之后，老师便带领学生在工厂进行了为期一个月的车辆专业的培训实习。让学生从细微之处着手，认识内燃机车的结构、车辆布局的原理，还有车体内部一些细小的零部件，如连接装置、缓冲器等装配细节，并学习了发动机的工作原理，据此来进行一些简单的故障排查和问题处理。

进行完基础的识记任务，接下来便是钳工的实训训练，包括操作机器和制作工件等。刮削、研磨、钻孔、扩孔、攻螺纹、铸造、机架焊接部分金属材料等，是这一时期的核心关键工作。

其中最令臧兰兰印象深刻的是钳工这一实训步骤。和前面的几项内容相比，钳工是最有趣且最让人有成就感的一个环节：本质上是通过一定的工序将图纸上的图画变成实际中看得见、摸得着的实物。跟着实习老师的讲解思路，臧兰兰先用笔、尺画出一个小铁锤的模型，接下来构思出各道工序的先后顺序，然后根据各工序进行加工、打磨、雕花等等，实习时候的工具很简单，一把尺子、几根铅笔和一个画本。在听完老师讲解的实践要领后，学生们自己动手测量、绘图，但是由于现实的因素，测量的数据总会存在着较大的误差，连续摸索了几天，都没有成功。老师拿起钢尺，一个个地给予指导。最后再把大家集中在一起，亲自给大家示范，指出大家的问题，联系到了直角、最短距离等概念，并引导学生思考原因和解决方法。在老师的循循善诱和不辞辛苦的教导下，大家终于把误差调整到了可控范围内。最后，一个精巧的小铁锤就制作好了。一周的时间，臧兰兰基本掌握了制作小铁锤的方法和要领，亲身实践了一个产品由图纸变成实物的过程。她看着精美的小铁锤呈现在眼前，就仿佛揭开了一个期待已久的问题的神秘面纱，那种惊喜感和成功的愉悦感是无与伦比的。

就这样，整个实习期间，臧兰兰满怀着对师长、对工作崇高的敬意，弯下腰，把短发掖在耳后，也学着老师们的样子，认真踏实、一板一眼地拿着测量尺认真地记录每一个数据，仔细认真地设计着每一张图纸，即便只是实习作业，也不敢丝毫怠慢。待到基础的实践训练全部完成以后，老师们便带领学生去工厂参观生产的具体流程。看着书本上的车体结构具象化为眼前的一辆辆庞然大物，臧兰兰深受震撼，她憧憬着自己设计的图纸也能投入生产，载人运物。

在整个实践过程中，每一个小小的原理知识得到验证，都会让臧兰兰的内心感受到极大的愉悦，那是一种运用理论知识解决实际问题的快乐体验，也真正让臧兰兰体会到什么是理论与实践相结合。这样一个又一个小小的成就感，在臧兰兰的心里点燃了无数的星星之火。

老师们渊博的学科知识，精湛的设计和测量技术，一丝不苟、实事求是的专业态度，对学生的足够耐心和包容，都深刻地浸润着臧兰兰的心灵。

机车摇篮——中车大连机车车辆有限公司

1999年6月，臧兰兰23岁了，此时的她已是一个亭亭玉立的女子。毕业典礼这一天，阳光温热，微风不燥，她身着一袭干净利落的白色工装，与同学们一起斜坐在院门前的石阶上拍照留念。

也正是在这一年，臧兰兰挥别母校，踏进了有着"机车摇篮"美誉的大连机车车辆厂，这是她青葱学校生活的闭幕，也是她漫长职业生涯的开端。

1999年的大连机车车辆厂，就是现在的中车大连机车车辆有限公司的前身。自打1899年车辆厂成立以来，就为大连的人民带来了许多福利，也给这座城市赢得了数不清的荣誉。在大连老百姓的心目中，它不仅属于国家，属于机车里的劳动工作人员，更属于大连市的每一个人民。大连机车车型的每一次升级和迭代的消息，都会像热点新闻一样，成为人们街谈巷议的话题。它是一代人的情怀，更是一代人的信仰。

中车大连机车车辆有限公司的历史，是机车车辆发展的历史，也是过渡新旧时代冲突的奋斗史。自1899年建立以来，中车大连机车车辆有限公司不知见证了多少英雄人物的血与泪；也曾经历了前后长达半个世纪近乎无望的等待。

中车大连机车车辆有限公司建于19世纪末。那时的清政府腐败无能，一部分修筑铁路的权力落在了沙皇俄国的手中。1953年元旦前夕，中国终于拿回了工厂的独立经营权，改扩建为大连机车车辆制造工厂。前后几年的时间，工厂设计制造了十几种蒸汽机车和内燃机车，成为我国机车生产的重要基地，为我国和世界铁路运输事业做出了重要贡献。到1994年，才改名为大连机车车辆厂。

1999年这一年，也是大连机车车辆厂建厂100周年。踏入工厂大门的那一刻，臧兰兰激动不已，内心有一种说不出的自豪。

那时，时任中共中央总书记的江泽民同志，在中车大连机车车辆有限公司的百年华诞上亲笔写下了"立足国内，走向世界，努力发展中国机车工业"的寄语。十八个字，字字珠玑，不仅表达了对大连机车以往取得的成就的认可和赞许，更是饱含着对中国机车车辆行业奋进新世纪的期盼。

而对于臧兰兰个人而言，这十八个字带给了她莫大的动力。也正是从那个时候开始，小小的种子渐渐在她心里生根发芽：扎根大连机车车辆厂！扎根我国的铁道事业！为我国铁路行业的发展，贡献自己的全部力量！

第三章　淬砺奋发，勇于挑战

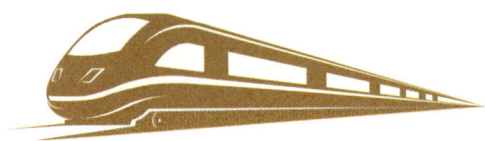

新的挑战

1999年7月，臧兰兰踏入大连机车车辆厂时，就被眼前的场景震撼到了：厂棚宽阔又高大，一排排各种型号的机车整齐地排放在工厂门口，而钢骨嶙峋的机械臂也如腰背挺直的士兵们那般井然有序地站立着。加上它们外露的高大的液压设备，让人置身其中便能迅速感受到当代车辆厂的功能性、标准化与机械化所带来的工业感。

眼前的场景给臧兰兰带来了不小的视觉冲击，让她顿觉压迫与敬畏，也让她体验到了大学校园的理论知识所不能描绘出的工业时代那种身临其境的真实感。

那时的大连机车车辆厂以内燃机车业务为主，其他车辆相关项目为辅。作为车体设计团队中最年轻的一员，臧兰兰的内心十分激动，但又有些许不安。激动的是自己终于大学毕业，以一个工作者的身份迈进了这所家喻户晓的机车厂，开启了一段崭新的未知之旅；不安的是，作为一个新人，车辆厂最年轻的一员，想要追上大家的进度，不拖后腿，就要付出比别人更多的努力。

　　臧兰兰的职位是技术开发部设计师，设计方向是车体设计，主要负责轨道车辆产品车体结构、内装系统、车端结构、车辆空调系统、车辆隔声降噪以及防火安全等设计工作。刚入厂工作的时候，臧兰兰非常勤奋，做完本职工作后常常还要再学上三五个小时的设计方案和设计思路，手捧着资料认真研读。让臧兰兰真正感到困难的还是知识储备的不足。尽管她大学四年学的是机车车辆课程，专业也十分对口，但机车车体设计的具体工作涉及的知识范围很广，不仅要用到机车车辆专业所必需的原理知识，还要用到制图、计算、实验、测试、计算机应用、文献检索等技能，甚至包括一些基本的工艺操作，都需要从头学起。对车辆测试工作的一些方法和原理，臧兰兰也很陌生。于是，她决定从两方面入手，一方面是先静下心来，从安探头、焊电缆这些最基本的实践工作干起，锻炼自己的动手操作能力；另一方面是抓住所有的空余时间学习，白天需要参加现场准备工作和测试车辆，就在晚上学，常常学到凌晨一两点钟。那时候的设备老旧，工厂宿舍生活区总是停电，臧兰兰就打开手电筒看书。机车车体研发设计的资料在行业内并不共享，属于工厂核心机密，很难找全。她只好去找工厂自己的设计资料和相关文献，先后研读了十几本专著。臧兰兰住的宿舍，距离单位很近，仅有约五分钟的路程，凌晨一点下班是常有的事，甚至春节的时候也不例外。2000年大年初二这一天，臧兰兰也没有给自己安排任何的娱乐活动，而是径直走向了空无一人的工厂专心工作、学习。

沙河口的明月夜

2000年，大连市政府向社会发出招标公告，致力于建设辽宁省第一条城市轨道交通路线，并将其称为"大连快轨3号线一期工程"。大连机车车辆厂积极参与竞标，并成功中标了！自此，中车大连机车车辆有限公司迈入了城市轨道车辆这个新领域。

24岁的臧兰兰被选中进入了该项目组，那时她入职大连机车车辆厂刚一年。于她而言，这既是一个机遇，也是一个挑战。机遇在于臧兰兰刚刚进入工厂，还是一个设计"小白"，而这个项目是一个很好的完整的锻炼机会。而挑战在于，包括臧兰兰在内的无论新成员抑或是老成员，对于快轨或者地铁实物都不甚了解，对这些交通工具没有亲身体验，更不用说进行设计和研发工作。

面对工厂和成员项目经验的空白，他们能做的只是尽可能多地收集一些相关的论文资料。面对无标准、无样车、无经验且要求高的项目现状，臧兰兰硬着头皮，与团队成员团结一起，从零开始一步一步地进行车体研制的攻关工作。

　　城市轨道车辆的设计基础是车体设计。车体是轨道交通车辆的重要组成部分，被称为轨道交通车辆的"铁骨"。车体承载旅客，车辆的安全性、舒适度、节能环保水平主要依靠设计师精心设计才能实现。如果把轨道车辆看成一座房子，车体设计师就是这座房子的建筑设计师、装修设计师，他们不仅要完成车体材料型材、车体结构、所有部件接口的设计等工作，而且要综合考虑车体强度、车体轻量化即减轻车体本身的重量、车辆舒适度等指标。车体设计从材料的选取、结构的安排，到组装的顺序，再到功能的打造，一步步由简到繁，制作严谨，目的是让车体更为结实、轻便和舒适，更好地服务人民大众。

　　面对零项目经验的难题，臧兰兰与团队成员一起进行了夜以继日、南下北上、东奔西走的调研，在不同的地区进行了广泛的调研和考察，分解了许多车体，以自主研发为主，不辞辛苦地钻研和实践，终于获得了宝贵的一手资料。细致入微的臧兰兰擅长站在旅客的角度思考车体设计方案，加上对行业技术方向的敏感，她很快就从青年设计师中脱颖而出，成为技术骨干。在大连快轨3号线项目的开展过程中，顶棚部分的设计工作主要是由臧兰兰负责的。

　　才毕业不久的臧兰兰，无论是绘图工具的使用，还是实操技术的掌握都不够熟练。因此，在与团队成员的互相配合中，她时常觉得非常吃力，也往往因为自己的专业能力不够而自惭形秽。为了赶上项目进度，也为了更好地与伙伴们配合，每天

⊙ 2002年5月，臧兰兰（前排中间）与同事在大连快轨3号线车辆现场

到了下班的时间，同事们陆陆续续回家休息，唯有臧兰兰依然不知疲倦地埋头在办公桌前的电脑旁，一遍又一遍地修改着设计图纸，思考它的可行性和需要改进的地方，有时则复盘着项目的开展进程，生怕错过每一个可供学习借鉴的细节，每天晚上都要加班到深夜。

沙河口的夜，四处都是静悄悄的，被混沌的夜色和昏暗的星光包裹着，唯有臧兰兰的办公室依旧灯火通明。

长期熬夜，身体渐渐向臧兰兰发出抗议。由于经常使用电脑，臧兰兰的眼睛四周总是红肿、过敏，经常流泪。师傅孙末因看着勤奋的臧兰兰，十分心疼，告诉她要注意休息，不要为了工作过度劳累。

但此时，大连快轨3号线项目的开展正到了一个关键的时期，不容停息。臧兰兰一闭眼，想到的便是项目缓慢的进度和未完成的出图工作，负责任的态度和好强的性格像一条条无形的皮鞭，时刻敦促、抽打着她，促使她忍痛继续工作。

越接近项目时间节点，工作便进行得越为紧张和艰难。臧兰兰和同伴们在工厂连续干了两天三夜。第三天凌晨，工厂隔壁办公室的一个施工人员在倒第三个班时，发现臧兰兰还在车间，他非常惊讶地问道："你们怎么还在这里？""再努力一天基本就完工了。"臧兰兰回答道。这位同志听了，二话不说，跑到他们单位的保温桶前，冲泡了一碗豆奶，又抓了一把饼干，递给臧兰兰说："你们这些工作人员可真辛苦。吃点儿东西吧，别累坏了身子！"

项目顶棚结构的设计，并没有前车之鉴和可供直接拿来使用的经验。车辆厂之前的项目品类都是机车产品，设计方案也都是围绕着机车项目展开的，与城轨车辆的设计是完全不同的，车体零部件之间的架构存在着诸多不匹配的情况。臧兰兰在城轨的设计工作上走了不少弯路，光是顶棚上的废气排放口设计，就修改完善了无数遍。

废气排放口，是保证车辆内部环境的重要装置，也是整个车辆空调调节系统的一个重要组成部分，负责把车辆内多余的气体排放到车外，保证车体内部气体的良性循环。废气排放口的排气量需要与空调系统所吸纳的新风量进行匹配，如果出现计算上的偏差，废气排放不出去，就会不断地在车厢内积压，进而导致正压超标，造成车门关闭困难。这不仅会影响行车效率，也会影响到乘客的乘车舒适度甚至人身安全。

对于臧兰兰而言，这是一个艰巨的挑战。由于经验的缺乏，臧兰兰绞尽脑汁，对于废气口的排放还是没有思路。有一天，她像往常一样来到车间视察，看到伫立在车辆厂内庞大的原机车车体，又看了看手中已被圈点得密密麻麻的设计图纸，臧兰兰爬上车厢顶部，仔细地观察了原机车车体的整个构造，重点观察了原机车车体的排气口装置。她发现虽然新旧车体在构造上存在着很大的差异，但设计原理却是相同的。于是她结合并参考了原机车车体排气口的原理，对照机车车辆运行时机车顶部的气流场原理，仿照并结合城轨车体的特点设计了一个新的机械式装置。通过几轮测试，新的排气装置完美地适应了轨道车辆，排气值达到行业安全标准，顺利地解决了废气排放的问题，既节约了成本，又非常实用，成功地将项目的进度往前推进了一大步！

经过了两年的奋斗，2002年5月，凝结着项目团队所有人汗水与智慧的公司首列城市轨道车辆——大连快轨3号线试制成功。这趟列车，是臧兰兰首次跟进并研制成功的车体项目，同样也是我国首列交流传动的电动客车项目，填补了中车大连机车车辆有限公司乃至我国轨道行业这一领域的空白。两年下来，臧兰兰在技术上已经能独当一面了。

舍小家为大家

2002年，臧兰兰二十六岁，此时的她在大连机车车辆厂工作已三年有余。

臧兰兰与丈夫潘殿省是高中同学，大学期间一直保持着通信联系，潘殿省毕业后分配到了葫芦岛的部队工作，是一名工程师，言谈举止中都有一种军人的飒爽之风。因为工作单位和工作性质的差异，两人只有在节假日的时候才会碰上一面。在那个慢节奏的年代里，小小的信件将两个志同道合的人紧密地联系在了一起，信任的种子在二人之间渐渐生根、发芽，茁壮成长。

潘殿省是部队的一名工程师，他报效祖国、投身祖国事业的坚定信念深深打动了臧兰兰。相处一段时间后，志同道合的二人走到了一起，组建了家庭。

2005年一个晴朗的冬天，他们的女儿潘奕出生了。也正如冬日里的那轮暖阳一般，小小生命的降临，给这个家庭带来了无尽的欢乐与温暖。一家人兴奋之余，又深感肩上多了一份责任。初为父母，也是女儿人生的第一任导师，臧兰兰夫妇十分注重言传身教。无论是生活中，还是工作中，他们无时无刻不在用自己的一言一行影响、激励着女儿。

随着工作经验的累积，臧兰兰在车辆设计领域逐渐成为一把手和核心骨干，工作上承担的责任越来越大，事情越来越多，也越来越忙。因此，陪伴女儿潘奕的时间也就越来越少。从小学三年级开始，小小的潘奕就已经自己上学、放学了。有一次，夫妇二人同时出差，三年级的小潘奕不哭不闹，一个人在家做功课，按时上学，按时回家。即便在家里，母亲也经常会坐在电脑前，完善工厂里新的设计方案，或者是电话沟通工作上的事务，处理在单位未完成的工作。在这样的家庭氛围的熏陶下，潘奕从小便耳濡目染，形成了坚强、勇敢、乐观、独立的优秀品质，自理能力特别强。

爷爷奶奶曾经叮嘱小潘奕："要好好学习，你的爸爸妈妈都是优秀的大学生，要向他们看齐。"潘奕却一脸委屈，她十分不解，说自己并不想考大学："爸爸妈妈都是大学生了，却还要那么辛苦地工作，没有时间陪我、陪家人，我才不要像他们一样。"

此话一出，臧兰兰感到十分愧疚，她深感自己忙于工作，确实疏忽了对于女儿的陪伴。自那以后，每逢周末，臧兰兰便会抽出一整天的时间陪伴女儿，一次，臧兰兰带着女儿潘奕乘坐地铁，让她体验和感受努力工作、做出成就、造福人民群众而收获的自豪感。潘奕小小的心灵受到了极大的震撼，她赞叹运行之中稳步前行的地铁，感叹车辆的安全和舒适，同时也为自己的母亲感到自豪。"一个人活在这个世界上，应该为社会做些贡献，要做对社会有用的人，而不能单单为自己而活，我和你爸爸是在为国家的富强振兴贡献自己的力量。"潘奕心领神会，使劲儿地点了点头。臧兰兰对待困难的坚韧不拔、锲而不舍的态度，还有对待工作一丝不苟、精益求精的精神，都在影响着潘奕。得益于此，女儿在很小的时候就可以把自己的生活和学习安排得井井有条，随着年龄的逐渐增长，她也渐渐明白了很多，理解了自己的父母，变得越来越成熟并有了自己的奋斗目标。并立下宏志，将来也要像母亲一样，成为一名设计师，为祖国的发展贡献自己的力量。

舍小家、为大家，是臧兰兰立志报效祖国、肩负起国家重任、勇于担当的真实写照；互相挂念、互敬互爱，是夫妻两人相濡以沫的相处之道；树立榜样、言传身教，是他们教育女儿自立自强、心怀感激、一步一个脚印去实现青云之志的独特方式。作为一名优秀的共产党员，臧兰兰时刻不忘党的使命，牢记自己的初心，她心胸宽广、心怀感恩，牢记报效祖国的责任与义务；作为车辆厂的专业技术骨干，她潜心钻研，追求进步与创新；作为一名合格的妻子与母亲，她时刻记挂着自己的丈夫和女儿。臧兰兰以身作则，用自己的实际行动诠释了爱国、敬业、友善的价值观，为祖国的繁荣富强贡献自己的力量。

忆恩师——失之毫厘，谬以千里

大连快轨3号线项目中，勤奋刻苦的臧兰兰通过不断地自学和一遍又一遍地耐心修改、设计复盘之后，顶棚的设计图纸已经很完善了。她小有成就地看着眼前这张汇聚着自己心血的设计图纸，小跑着来到师傅孙末囡的办公桌前。

手里拿着臧兰兰这些日子以来辛勤耕耘的设计成果，孙末囡不禁频频点头。看着师傅肯定自己的样子，臧兰兰内心有着说不出的激动。

突然，师傅的眼光停留在了图纸右上角的一个微小的细节处，并用食指指尖敲了敲设计图上车体顶棚的两个结构梁之间，说道："这两根结构梁中间，还缺一个公差的数据，回去计算好补上，不要遗漏。"臧兰兰顺着师傅手指的方向仔细地看了看，明白了师傅的用意，随即对师傅说："一个公差数据应该不会有太大的问题。"

"你可不要小看这个不起眼的公差，"师傅孙末囡严肃地说，"这个数据表明了车辆顶棚主要结构梁之间的关系，而这根结构梁与另一根相对应的结构梁有重要的匹配关系。如果两根结构梁的公差对应不上，就会导致这两个零部件难以匹配，完全失去它们存在的意义和作用，变成两件废置的摆设。造成的损失少则几千元，多则上万元。看似一个小小的不起眼的公差，它造成的损失却是不可估量的。"臧兰兰这才意识到自己犯了一个多么严重的错误。这次谈话结束后，臧兰兰立马回到工位上去，认真地琢磨了师傅给出的建议，仔细地根据另一根结构梁进行了公差的计算，完善了设计图纸。项目交付实地测量车体运行时，果然没有出现任何纰漏，保证了后续大连快轨3号线车体的顺利生产和投入运营。

师傅孙末囡精益求精、一丝不苟的精神，深刻地影响了臧兰兰，铸就了她职业生涯伊始的工作基调。每每回想起来都令臧兰兰感到钦佩和感恩。直到现在，臧兰兰无论是对待自己还是员工，也都是一直按照这样的标准严格要求。

孙末囡不仅是臧兰兰技术工作上的指导老师，更是她前进道路上的指路人。

在大连机车车辆厂工作了几年后，螺丝钉般的工作内容常常令臧兰兰感到怅然若失，她找不到工作的价值和意义，每天面对着没有温度的冷冰冰的电脑、机器和钢铁结构，不免让人感到茫然和失落，找不到前进的方向和发展的动力。

一次，孙末囡和臧兰兰坐在一起谈心，了解到臧兰兰目前的心境，孙末囡掷地有声地对她说："我们的工作是光荣的，有意义的。你看，2003年的五一，我们的大连快轨3号线一期正式开通运营，企业车辆的国产化率已经达到70%以上，拥有创新的能力和完全自主知识产权，并且中车大连机车车辆有限公司在城轨车辆设计制造方面也正式实现了零的突破！这意味着我们可以通过自身的力量创新、设计、生产，为中国人民做出自己的品牌，而不必处处看人脸色、受其限制，也意味着祖国渐渐地发展壮大。这，便是我们努力工作的意义所在！"

一番话让臧兰兰醍醐灌顶，她的内心受到猛烈的冲击，敬意油然而生。她明白了，像师傅孙末囡这样的老牌工程师，几十年如一日地工作着，毫无怨言，乐此不疲，因为他们相信我国交通行业的大好前景，心里装着祖国的未来。回望臧兰兰来工厂工作的短短几年，工厂勇于突破、钻研进取的企业文化精神一直激励着她、鼓舞着她，不知从什么时候开始，臧兰兰已经打心底里爱上了城轨车辆车体设计这项事业。她切切实实地感受到了自己所从事的工作的意义，也感受到了扛在肩上的责任，什么叫报效祖国，什么叫把青春献给建设现代化的伟大事业，臧兰兰找到了答案。师傅孙末囡就是她的榜样！

城轨业务的萌芽与发展

2004年，随着国内城市轨道交通的发展，中车大连机车车辆有限公司正式成立了城轨室，并设置了专门的车体小组进行城轨车辆的设计工作。这一年，是臧兰兰在中车大连机车车辆有限公司拼搏、奋斗的第五年。五年的时间，臧兰兰见证了中车大连机车车辆有限公司的城轨项目从无到有地开展起来，在团队成员的共同努力下，项目组的设计系统、机械设备也愈发齐全完备。作为城轨室的一员，臧兰兰心中倍感荣幸、欣慰，又深知道阻且长、责任重大。

2006年，城轨室顺应国家城市交通发展的整体趋势，计划对大连市城市轨道的车体材质进行轻量化的设计，开始了中车大连机车车辆有限公司第一辆以不锈钢材质制作车体的技术开发。

由于没有相应的车体轻量化经验和技术储备，想要靠车体室独立研制出不锈钢车体城市轨道车辆的希望是十分渺茫的，盲目地开展该项目需要耗费极大的人力和物力。眼看规定交付产品的日期就要到了，城轨室的成员们急得像热锅上的蚂蚁。

在当时，不锈钢车体制作的核心技术掌握在日本公司YTT手中，城轨室的成员们向他们虚心请教、学习，以高额的费用，聘请该公司的技术专家为城轨室不锈钢车体项目做基础设计的咨询。即主要的结构方案和设计图纸由咨询公司提供，而城轨室的成员为执行者，负责将方案和技术付诸实践。

2006年，第一列不锈钢车体城市轨道车辆在中车大连机车车辆有限公司研制成功，成为中车大连机车车辆有限公司城轨车体设计的良好开端。自那以后，城轨的相关项目一路绿灯，进展十分顺利，又相继完成了大连3号线增购车、大连金州线1M1T不锈钢车辆以及天津地铁2号线车辆等项目。团队成员互相配合、相互支持，不断地给中车大连机车车辆有限公司的城轨事业添砖加瓦，为工厂城铁车辆"谱系"增添新的成员。

2008年10月，臧兰兰首次独立担任项目车体负责人。她踌躇满志，积极与合作方进行联络，商讨设计的相关事宜。为了项目的顺利开展，臧兰兰翻阅了大量的相关论文和研究资料，针对联络会上所有预计会涉及的技术性问题，做好了充足的应对准备。

毕竟是第一次担任项目负责人，联络会这天，臧兰兰的心情略有些紧张，但看着手里厚厚的一沓资料，想了想这些日子为收集信息做出的努力，她又对自己充满了信心。会议如期进行，在整个联络会的开展过程中，对于合作方提出的所有技术性问题，由于准备工作做得充分，臧兰兰自信从容，每个问题都可以应对自如。末了，专家提出了一个关于"车体挠度制造"的问题："我们都知道，车体挠度尺寸对于车辆的行车安全具有至关重要的作用，对于车体制造中车体挠度尺寸的热矫正问题，有没有什么好的工艺方法？"臧兰兰心里一紧，因为在材料文件中并没有关于这一部分的技术要求，但"车体挠度制造"确实也是该项目的技术所需。而车辆厂以往城轨的相关经验又不够充分，可以参考借鉴的资料难以搜集，少之又少，这个问题触及了臧兰兰的盲区，她冥思苦想，一时语塞，没有直接回答。

联络会结束后，臧兰兰对技术专家提出的问题、给出的建议进行了认真的复盘总结，又根据这些建议中的内容搜集了更多的相关资料，不仅完善了自己欠缺的知识，锻炼了自己的思维和解决问题的能力，更是丰富了中车大连机车车辆有限公司城轨方面的知识宝库，让更多的成员受益于此。

回顾这几年的工作经历，臧兰兰积淀了许多机车行业的知识和经验，渐渐在城轨车辆行业扎了根，也变得愈来愈有底气，愈来愈自信。她深知，相较于那些技术专家，自己还有许多需要学习和借鉴的地方。因此，她常常激励自己"学无止境"，一次小小的联络会，更让她深刻地认识到这一点。关于"车体挠度"的问题也让臧兰兰重新思考了核心技术受制于人的弊端，更明白了创新对于中车大连机车车辆有限公司城市轨道交通业务的重要意义。

21世纪，又被称为"地下空间利用和挖掘的新纪元"。随着国内城市化的推进，在"高度"和"广度"不断扩展的今天，象征着地下空间的"深度"，则为城市的发展描摹出了更为立体的蓝图。在这样的趋势下，城市轨道交通逐渐开始发展起来。

许多企业在宏观的交通行业发展趋势之下一筹莫展。每当臧兰兰在大连夜晚的街道上漫步时，都会陷入沉思：一方面是新时代轨道交通事业发展的远景，一方面是基础设施建设相对滞后的近忧；一方面是内燃、电力交通热闹喧嚣之后的冬眠，一方面是暗涌着的具有无限的需求与张力的春动……大连这座城市给当代年轻人留下了多少机遇与空白呀。

为了提升城市的空间容量，缓解城市的交通压力，中车大连机车车辆有限公司自21世纪初便计划开展城市轨道交通业务，实现内燃、电力与城轨的并行发展。由于从零起步，处于探索阶段的城轨项目并没有成立专门的研究部门和专业工作人员。每当有新的项目开展，往往是从企业技术开发部门抽调"帮手"。技术开发部最初是以内燃和电力机车业务为主，愿意全身心投入新业务板块的工作人员少之又少。针对这一现状，公司建立了一个小型的专业室，专门进行城轨车体的研究，但此时的专业室仍然隶属于技术开发部。

十年的时间，城轨业务的发展规模越来越大。到了2010年，中车大连机车车辆有限公司的城轨业务不断增多，需要的人才也愈来愈多。隶属于技术开发部的小小城轨专业室资源有限，无法适应城轨业务板块继续发展壮大的需求。于是成立了城轨技术开发部，与技术开发部并行，臧兰兰担任城轨技术开发部车体室主任。

刚刚成立的城轨技术开发部人员不多，只有五十几个人，城轨开展的项目越来越多，大家一致认为部门成员人手不够，需要继续发展壮大。当时的领导笑着说："城轨发展的目标，就是能凑成'打滚子'的人。"（打滚子是一种扑克游戏，是大连本地人人都会的娱乐消遣游戏，需要三副扑克牌。）于是，老员工带新人，不断传承，发展壮大。如今，城轨技术开发部已经由最初的五十一人增加到现在的一百九十多人。臧兰兰和其他老员工攀谈时，经常开玩笑说："终于凑齐'打滚子'的人了！"

千里之任，大车以载

2010年5月25日，是令臧兰兰终生难忘的日子，因为这一天，她实现了梦寐以求的愿望——光荣地成为一名预备党员。

臧兰兰小时候，父亲曾多次给她讲述自己的往事：父亲年轻时积极主动，在农村合作社跑车拉货物助人为乐，在粮油管理所时带头缴纳公粮，受到了上级的重视和一致的好评。2008年6月，在父亲、母亲的鼓励下，在车辆厂领导们的支持和指导下，臧兰兰怀着激动无比的心情向党组织递交了入党申请书。

臧兰兰一直坚信，一分耕耘，一分收获。在多年的积极工作中，臧兰兰技术水平不断提高，解决问题的能力不断提升，技术攻关能力也越来越强。自2000年加入部门以来，臧兰兰一直从事城轨车辆的设计工作，见证了公司城轨业务板块的发展壮大。她在工作中一直兢兢业业，在群众中有较高的正面影响力，起到了先锋模范的示范作用。这些努力和付出，周围的同志们也都看在眼里。她在面对错误的时候认真而坚决，对于铝合金车体项目中发现的设计失误，她坚决地采取零容忍的工作态度；面对自己设计的车辆产品造福人民，她也会像个孩子一样喜极而泣。只要出差去其他的城市调研，臧兰兰一定会去乘坐当地的地铁，带着乘客和设计师的双重身份去感受、去观察，每次都有不一样的收获。面对新来的没有经验的同事，臧兰兰宽慰他们："没有经验不碍事，只要认真去干，尽力去做，积少成多，多观察、多思考、多动手，就一定会做出一番事业！"

曾经有人这样问臧兰兰："你如何评价城市轨道车辆设计工作的价值和意义？"臧兰兰想了想，回答道："我们车体设计师的岗位是个责任心非常强的岗位，国家的财产安全和乘客的生命安全都掌握在我们的手里。而我们车体设计师的岗位又是个非常平凡的岗位，每天都是在做着机械的工作，画着一张张枯燥乏味的设计图纸，计算着一串串长长的数字。把每个图形、每个数字都放置在它应在的位置上，日复一日、年复一年，量变质变，积累创新。"车体设计师们秉持着细心和负责的态度对待每一个研发项目，他们用一张张平凡的图纸、一双双明亮的眼睛、一把把钢尺，画出一张张承载希望的设计图，换来人们乘坐地铁时的惬意和舒适。他们本身可能不会创造、发明什么，也不会为国家和企业带来巨大的财富，但他们每天都坚守在自己的岗位上，做城市文明的推动者，用耐心和细心去服务乘客、温暖乘客，为我们的城市打造优秀的交通品牌。

臧兰兰的主管领导周传谊，是中车大连机车车辆有限公司海外事业部总经理，也是她的入党介绍人，是对臧兰兰影响和启发很大的人。周传谊技术过硬，为人正直，一直发挥着党员的先锋模范作用。在面对困难和挑战时，他永远都冲在最前面。记得有一个项目，车辆在生产过程中发现了一个较大的问题，必须推翻原有的设计重来，工作量和难度巨大。面对这一困难，大家都不敢轻易接手，这时周传谊勇敢地站出来承担了这一责任。这让臧兰兰再次看到了一名共产党员的责任担当，更加坚定了她向党组织靠拢的决心。身边这样的党员同志很多，在面对困难时，他们从来都是迎难而上。在身边党员同志的带领下，技术部团队具有超强的凝聚力和战斗力。臧兰兰想，只有在党组织的带领下，才能凝聚起如此巨大的向上的力量。

入党后，臧兰兰深觉自己的使命感和责任感更强了。在面对困难和挑战时，她会毫不犹豫地站出来。在铝合金车体项目中，面对高昂的研发费用和技术壁垒，臧兰兰义无反顾地承担起了这个重任。她十分清楚项目的难度，谁不希望每天轻松地坐在办公室里画画图就好？可是关键技术不掌握在自己手里，终究还是受制于人。作为一名党员，有责任和义务为了公司城轨未来发展而冲在最前面。

作为一个极其出色的青年，臧兰兰已取得了了不起的成绩，却仍是那么清醒："我今天之所以能取得一点成绩，应该归功于党和人民多年的培养和教育，归功于经验丰富、对事业执着追求的导师孙末囡女士的精心培养，归功于曾给予我诸多指导与帮助的各个阶段的良师益友，归功于各级相关领导，尤其是中车大连机车车辆有限公司的领军人和同行们的亲切关怀与大力支持。与很多优秀的老工程师相比，我做得远远不够，优秀的前辈永远是我奋进的目标与学习的榜样！"

零的突破：洒在江南的汗与泪

英国哲学家约翰·穆勒曾说过："现在一切美好的事物，无一不是创新的结果。"创新专家郎加明也有句名言："创新有时需要离开常走的大道，潜入森林，你就会发现前所未见的新东西。"2010年，中车大连机车车辆有限公司的城市轨道业务已经发展成为与电力、内燃并驾齐驱的业务板块。这一年，是臧兰兰在大连机车车辆有限公司工作的第十一个年头，她凭借着积极负责的工作态度和勇于创新的魄力，得到了团队伙伴们的共同认可和赞许，成为城轨技术开发部的车体室主任，这也是她带领车体室成员攻坚克难、不断创新的开端。

臧兰兰带领着车体室这个年轻而有活力的设计团队，坚守初心，不断开拓创新，以迎难而上、不屈不挠的担当精神，不断乘风破浪、披荆斩棘。

进入21世纪，城市的车体结构、功能设计已经发展得比较齐全、完备。随之，车体轻量化渐渐成为人民大众对轨道车辆提出的新要求。为了跟上使车体结构轻量化，实现节能、环保的时代进步趋势，工厂开启了铝合金车体项目的研发设计工作。当时工厂的铝合金车体研发还处于"零经验"的状态，面对国内少之又少的参考资料和毫无头绪的研发思路，车体室一时犯了难。臧兰兰思来想去，要降低铝合金车体项目的研发难度，无非两种方法：第一，从国外引进相应的前沿技术，直接用于车辆厂铝合金项目车体的研发；第二，邀请外部技术咨询，为车辆厂提供国外先进的研发资料。

这些方法快捷便利，都可以极大提高研发效率，但获取成本太高，需要上百万元的投入，且核心技术没有完全掌握在车辆厂自己人的手里，最终还是会受制于人。

创新是一个企业进步发展的源泉和动力。这条路是困难的，具有非常大的不确定性，但一旦成功，便可以把核心技术牢牢地掌握在自己的手中。经过长时间的斟酌和考量，臧兰兰和团队决定走完全自主创新的道路，努力实现"零的突破"。在铝合金车体设计研发项目中，车体团队既面临着没有可供参考的技术图纸的困难，也难以获得技术咨询提供的有效帮助，国内外拥有铝合金设计技术的车辆厂，对相关技术更是设置了层层的保密壁垒。面对这样的现状，臧兰兰和车体室的成员们北上南下，走东闯西，前往同铝合金设计技术相关的场地进行大规模的考察和调研工作。

在一个盛夏的黄昏，臧兰兰和车体室另外四个成员登上了南下的绿皮火车，在辽河水的淙淙水花和石门山上的松涛声中，他们踏上了一段艰难的技术探寻之旅。

8月的南京和株洲，气温在零上四十多摄氏度，正是一年之中最热的时节。对于长年生活在凉爽干燥气候中的北方人而言，南方高温潮湿的天气让人难以适应。

臧兰兰一行共五个人，在没有空调的室外，他们头上顶着炎炎的烈日，冒着高温，穿梭在车辆厂和车辆实地之间。臧兰兰和队员们弓腰钻入车厢或俯身趴在车下，仔细观察着车体的每一个结构，用心在笔记本上写下每一个测量数据。汗水从额头上徐徐淌下，眼睛被汗水刺激得得红肿疼痛，衬衫被汗水浸湿后紧贴在后背。即便如此，大家依然一直坚持着。

一个星期后，终于有人坚持不住病倒了，持续高烧不退。接下来的半个月里，成员们接连病倒。看着陆续因身体不适躺在病床上的战友们，臧兰兰心痛不已。但为了铝合金车体设计项目的顺利进行，他们仍旧咬牙坚持，成员们感冒发烧后就迅速去卫生室打点滴，退烧之后便马上扎进调研工作中，一刻也不停歇。最后，在臧兰兰的带领下，一行人终于完成了考察、调研的工作。

回去之后，一行人立马对收集到的资料进行仿真分析。团队成员踌躇满志地拿出样车图纸，由臧兰兰把收集到的资料录入计算机系统，进行车体三维模型的搭建。通过一次次的受力分析，臧兰兰计算出车体的载荷，并为载荷加入一些基于现实的模拟工况，用电脑计算出工况的模拟数值。最后，将这个模拟结果的数据与行业内的安全生产标准值相对比，查看是否满足安全生产值，即是否合格。

有困难就去突破，但是有设计错误，臧兰兰绝不容忍。仿真分析的过程中发生了一个小小的插曲，车体载荷的数值符合安全生产标准后，细心的臧兰兰突然发现调研的车体资料中有一个不那么显眼的数值信息，在设计学理上属于"错误设计"和"设计失误"，并提出修正的要求。组内成员一脸不情愿地说："在别的地方，人家就这么干的，不改也没什么大问题。""绝对不行！"臧兰兰严厉地说，态度明确而坚决，"如果是设计错误就必须改，这个是底线。底线没有好坏之分，优劣之分，喜好之分。如果是错误的，那就必须改，没有其他的理由。"这个团队成员口中温柔的知心姐姐，会在面对错误的时候变得严厉而坚决。

臧兰兰的技术方案做了一版又一版，三维立体模型搭建了一个又一个，但仿真设计中车体的不同部位仍然存在着与计划数值不匹配或超标等问题。在对车体模态进行多次的结构优化和仿真分析之后，产品却始终无法达到标准。臧兰兰也不气馁，仍然继续广泛查阅论文，收集资料，把可以找到的具有相似性的设计方案分析了个遍。在项目执行过程中，她桌上的计算机没日没夜地开着，设计技术人员由两拨儿人轮流值班，不分昼夜，二十四小时轮流画图，连夜商议研讨，深入研究车体的受力点和传力路径。到了夜晚，整个厂区唯有车体室依旧灯火通明，成员们伴月而归，有的人甚至在办公室席地而卧，谁也没有说过一句抱怨的话。

那段时间，臧兰兰把吃饭的时间都压缩了，到家时经常已是午夜。爱人出差时，孩子夜晚一人在家。身为妈妈的臧兰兰不能离开设计室，就隔一会儿给孩子打个电话安抚她，让她别害怕。尽管她也想多陪伴孩子，但面对研发任务，她咬了咬牙，毅然决然地选择继续全身心投入工作中。

设计结构、仿真计算、优化方案，这样的循环工作流程常常持续数月甚至数年，枯燥但更沉重。臧兰兰也会疲倦不堪，但她依然带领团队有条不紊地进行着型材选择设计、车体三维建模、车体静强度计算、焊缝疲劳分析等一系列复杂的工作。

在一个初秋的傍晚，斜阳悬空，一抹绯红的霞光穿透了臧兰兰办公桌上的玻璃杯子，看上去像是刚刚沏好的红茶。臧兰兰像往常一样，打开电脑，查阅铝合金车体相关的资料和论文。手里拿着铝合金车体调研的资料，臧兰兰偶然发现在团队考察过的一辆样车上，车体的底架部位有两根横梁。在调研的时候，一行人便一直不知道它的作用，也没有给予相应的关注。细心的臧兰兰又注意到了这两根横梁，她灵光一现，心想：莫非横梁就是其中的关键所在？带着这个疑问，他们在设计的车型底部加上了两根横梁，并修改了车体模型，在经过无数轮测试之后，铝合金车体设计的仿真分析终于达标了！

车体室就是经过这样反反复复地学习和优化，自主完成了铝合金车体的研发，拥有了自主铝合金车体设计能力。这次调研的一手资料，为公司之后的设计研发工作提供了十分有用的参考资料。在研发的过程中，每一个小小的细节，如每一个铝合金车体的型材断面，断面的每一个厚度，每块筋板的角度，包括它的每一个尺寸，为什么这样设计，都有其必然的道理。车体室负责调研的同事，通过一点儿一点儿地查看资料了解别人为什么这样设计，找出底层逻辑，在这些基础上，才设计出具有自己特点的车辆。

世上无难事，只怕有心人。2014年，首节B型铝合金车体进行静强度试验，车辆厂第一台铝合金车体试制成功。听到这个好消息，一向内敛的臧兰兰和现场的同事们一起欢呼起来。在短时间内，他们迅速开展了不同类型的铝合金车体的设计研发和批量生产，使得中车大连机车车辆有限公司的城轨技术实力得到了市场的认可。

铝合金车体项目研制成功以后，臧兰兰总结经验，并教导自己的学员们，珍惜每次调研的机会，一定要有的放矢，根据自己项目目前存在的缺失关键点，带着目标和目的去调研，否则调研只能变成一次毫无价值的走马观花，白白浪费一次实践调研的机会，没有任何成长和进步。有了调研进而创新成功的体验以后，车体室的青年们更加勇于拼搏、开拓创新。在历经多年的打磨之后，臧兰兰和她所带领的团队成员从当年初露头角的年轻人，成长为车辆厂的城轨车辆设计技术的中坚力量和坚强后盾。有了这样的技术储备，后续一系列的铝合金车体项目便接踵而至，开启了中车大连机车车辆有限公司城轨业务发展的新篇章。

艰难的车体舒适度提升设计

有了铝合金项目从零到一的经验以后，工厂便顺利地搭建起了碳钢、不锈钢、铝合金三大车体研发设计平台，一系列新的车体技术难题也迎刃而解。磁浮车、高低地板有轨电车、时速一百六十公里的城际车、钢铝混合有轨电车等新型产品项目，也在车辆厂成员的共同努力下，逐渐发展完备、完善。

在车辆技术方面，车辆的舒适性、环保性、防火安全性，司机室和客室的人机工程学、车辆隔音降噪技术等基础研究和镁合金车体等前沿技术研究都如火如荼地开展起来。

车辆技术中乘客的舒适度问题，成为这一时期车体室中的设计重点。车辆设计中，影响乘客舒适性的因素有很多，如通风系统的舒适性、车辆隔音降噪技术、车体内部的色温等。这几个方面，也是车体技术设计中的几大难点。作为车体设计师，臧兰兰要负责的设计内容，不仅包括车体钢结构，还有整个车辆内饰，以及车辆通风系统和照明设计。其中，难度最高的设计是车辆通风系统设计。

在进行通风设计时，空调出风口的设计是一个难点。在长达十九米的巨型车体中，每个出风口的风道高度一般需要精准到一百二十毫米，且为了保持良好的通风效果、降低噪声，让车速更为平稳，空调风口经过各种设计导流出来的出风速度必须是均匀的。

车体的隔音效果和密封程度是影响车体舒适度的非常重要的因素。车体空调出风口的通风量过大或者车门漏风的话，噪声自然而然就会"乘虚而入"，不仅空调发出的噪声大，在穿越隧道时，车门的巨大缝隙也会传来令人烦躁的轮轨噪声。这些都会让车体的舒适度降低。在行业内，降低车辆噪声的方法非常多。单纯降低噪声而不考虑车体通风情况的"投机取巧"者也不少。比如，尽量地把通风口做得小一些，风量小一些，把风量降到最低，噪声随即也就小了。

经过长期细致的计算、推导和思考，臧兰兰发现了这种降噪方案的多处不足和谬误，如没有考虑到车厢内空气流通性的问题，以及公式推导中不合理的假设和推导的错误；一些实验规律不适当地引用（如车辆内的新风量和噪声的大小成反比）等。通俗来讲，这种做法的弊端在于车体内的空气流通性差，温度的舒适性和新鲜空气也很难达标。真正能够实现降低噪音，又能提升车内通风效果、保障车辆舒适性的方法还有待继续探索。

　　除此之外，车内的照明也是影响车辆舒适度的一大因素。车内的照明设计有一个固定的参照指数，叫作色温。色温是表示光源光谱质量最通用的指标，色温不同，车体内光的颜色也是不相同的。色温在4300K时，光线的颜色是白中略微带点黄色的，而在6000K时，颜色偏白，更接近自然光线。在车辆设计行业，人眼色温舒适的阈值为4500K至5000K，根据实际情况的不同，车体最舒适的色温范围也会存在差异。具体人眼感受如何、舒适与否，臧兰兰每次都会亲自到车上去体验，在理论与实践的双重验证下，找到车体舒适设计的最优解。

　　在臧兰兰和车体室成员的共同努力下，城市轨道车辆的车体变得更加轻薄，车体舒适度也有了很大的改善和提升。渐渐地，工厂实现了城铁产业的多元化发展，提升了工厂城铁产业的技术实力和车辆产品在市场上的竞争力。

第四章　壮志兰心，千锤百炼

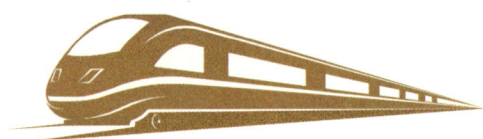

坚守一线的劳动者

　　德国著名的思想家歌德曾有言：要成就一番伟大的事业，总得在青春时代开始。自大学时期，臧兰兰就决心踏入机车车辆专业，毕业时又踩着世纪之交的界线迈进了中车大连机车厂，成为一名年轻的城轨车体设计师。

　　在工厂充满高压电磁场的工作环境中，柴油机发出嘈杂的轰鸣声。在城轨开发部车体室的办公桌旁，经常可以看见臧兰兰埋头钻研、加班工作的忙碌身影。

　　臧兰兰是一个热心肠的人，经常忙完自己手头的工作就去帮助其他同事处理一些杂活儿，哪里有需要，就奔向哪里。同事们可以看见她手握画笔，悉心地在稿纸上测量绘图；也可以看见她踩在布满油污的地沟里调试设备。用她的话来说，从最小的事情开始做起，理解工厂工作的全貌，才能更好、更和谐地与他人配合，做好自己的工作。在工厂工作的这几年中，臧兰兰不断在实践中积攒着经验，打磨着自己的技能。尝遍了工厂工作中的酸甜苦辣，也在这个过程中不断地发现着自己的缺点，同时又弥补着自己的不足。"要么就不做，要么就做到最好！相信自己，并坚持下去，就一定可以做成一些事情。"她的努力，终于迎来了回报。

地铁飞驰，承载梦想。十多年的钻研和付出，也让臧兰兰收获了各种荣誉。2017年4月24日，这是一个令臧兰兰无比难忘的日子。因为在这一天，臧兰兰被评选为辽宁省劳动模范。在一个晴朗的下午，她迈着轻快的步子，带着工厂全体成员的叮嘱，怀着无比振奋的心情，来到了辽宁人民会堂参加表彰大会。站在领奖台上，她平静地看着台下的人们，作为中国十几亿劳动人民中的一员，能够成为这些劳动人民的代表接受表彰，臧兰兰倍感荣幸和骄傲。

但她同时也更强烈地感受到了肩负在自己身上的重担和压力。在还没有成为劳动模范代表之前，她心里装着的是如何更加精准地、较少失误地、更高效地画好车体设计图；如何实现技术创新，把主动权掌握在自己的手里；如何成为一个更好的科室主任，管理好、带领好自己的小团队。用一句话来说，那就是做好自己的本职工作。而现在，身为劳动模范的臧兰兰肩负起更为重要的责任，在心态上也发生了转变，自觉身上的责任更大了。此时的她面向的，不仅仅是工厂的人，还有更多向自己学习、看齐的人，她必须成为榜样和标杆。因此，如何成为一个合格的表率，带领更多的劳动者共同进步，是她目前人生阶段最重要的课题。

臧兰兰与其他劳动模范和先进工作者坐在一起攀谈的时

候，都有一个相同的感触，那就是大家都是普通人，只是在平凡的工作岗位上做了自己应该做的事情，并尽力做优、做好。"劳动模范"带给自己的，不仅是荣誉，也是一种更重要的责任，大家都感受到了这份沉甸甸的责任带来的压力。一旁的工作人员听到了他们的对话，上前说道："总有一部分人，一个群体，要代表公司、代表企业、代表行业，也代表着所有劳动人员，起到引领和示范的作用，而你们就是这样的人。"简短却朴实无华的一句话，给了在场所有的劳动模范莫大的鼓舞和勇气。臧兰兰想，要努力卸下身上的包袱，热爱工作、热爱岗位，用自己的实际行动感染身边的人，做好表率，为自己的公司、行业，乃至国家的发展做出自己的贡献。

一路上，臧兰兰与他人并肩向前，交谈着各自不同领域的工作，闲谈自己的生活和志趣。大家在金钱、名利面前的淡然和在挑战面前的无畏与担当，让人感受到了强大的积极向上的力量！每当在工作中遇到困难，臧兰兰都会想起这些无私奉献、志同道合的友人。劳动模范群体的向心力和凝聚力，更加坚定了她向他们学习、完善自我、超越自我的决心，身处在这样一个群体中，臧兰兰感到无比自豪。

"你是怎样取得今天这样的成就的呢？有什么秘诀吗？"会上有记者这样问臧兰兰。

"我是工厂的一名普通的车体设计师，我热爱自己的岗位，会细心地处理好项目上的每一个细节。最重要的是，要有不怕吃苦的精神和不言放弃的毅力，学会把压力变为动力！"臧兰兰这样回答道。对于已经取得的多项成果，臧兰兰微笑地称之为"碰上"的，但这究竟是怎样的一个"碰上"呀！为了计划出更加完备可行的方案，分析出更为全面的数据，她会注意到每一个细节，始终坚守在一线，浏览大量的资料，再把它们拿到计算机上反复演示、推敲，进行仿真分析。为此，她需要一遍又一遍地迭代设计方案，废寝忘食、熬夜加班对于她来说早已是家常便饭。她的记忆中到底有多少个夜晚是在计算机前盯着屏幕上的荧光度过的，已无法统计了。

静水流深，唯慢可得。无论遇到任何困难，臧兰兰总是沉着冷静地坚守在一线。学习设计技术时，臧兰兰有着水滴石穿的韧劲儿；带领项目攻关时，她有着沉着冷静的思考；与车体室的伙伴一起配合工作时，她有着喷薄似火的热情；遇到难题时，她又有着不屈的毅力和吃苦耐劳的精神。现在，城轨交通的进步已经给人们的生活带来了巨大的便利。日常出行，很多人都坐着效率高、速度快的城铁、电车。尽管不用再去吃交通不便的苦，但"吃苦"的精神仍然要传递下去，正是因为有了这样刻苦、耐劳的精神品质，人们才会牢记那些曾经走在前面，为自己逢山开路、遇水搭桥的辛勤工作者，也会更加珍惜来之不易的今天。

马克思曾经说过："在科学上没有平坦的大道，只有不畏劳者沿着陡峭山路攀登的人，才有希望到达光辉的顶点。"臧兰兰还未到达光辉的顶点，但是她攀登了，一步一个脚印地走

⊙ 2017年，臧兰兰（中间）在车体室指导新学员

在这条崎岖的山路上。十多年的时间里，她先后参加了城际列车、中低速磁悬浮列车等多个项目的测试，突破了一个又一个棘手的技术难题，取得了一个又一个傲人的成绩。

2019年，在中车大连机车车辆有限公司盛大的建厂120周年庆典大会上，凝结着车体室成员们汗水与智慧的车辆成品迎来了一阵又一阵的掌声。适用于干线铁路的时速160公里的城际列车、阿布贾内燃动车组与新一代中低速磁浮列车安静地陈列在出车场内蓄势待发。它们的样貌虽稚拙而朴素，却足以令在座的每一个人为之欢呼、沸腾。

从一张张临摹在纸上的设计图，到城市轨道上运物载人的一辆辆列车，20年的时间，大连机车的城轨车辆业务渐渐从无到有，材料渐渐由沉重的碳钢过渡到不锈钢再到现在普遍使用的铝合金，动力推动从以前的内燃到电力，到现在磁浮列车轨道交通的出现。车体室的成员们欣喜地看着眼前的这些"大国重器"，那是他们几千个日夜创造出的成果，看着它们就像是看着自己的孩子，心中满满的是说不出的喜爱与成就感。

工厂建厂120周年，也是城轨部门成立的第20年，二者之间，跨越了一个世纪的距离。中车大连机车车辆有限公司也慢慢以大连这座城市为中心，走出国门，迈向世界。当然，大连机车前进的步伐并没有停止。欢呼之余，车体室成员团结一心、干劲儿十足，大家的目光又眺向了同一个远方，共同提出城铁高质量设计研发飞速发展的为期三年的规划目标。

⊙ 2019年9月，臧兰兰（前排右三）参加中车大连机车车辆有限公司
　建厂120周年庆典

开创首个无人驾驶项目

好消息频频传来，2019年10月中旬，中车大连机车车辆有限公司中标太原地铁2号线无人驾驶车辆项目，太原地铁2号线无人驾驶项目是公司承接的首个无人驾驶列车项目，无论对于城铁开发部还是公司来说都具有十分重要的意义。部门全体成员感到兴奋的同时又对未知的工作产生了隐隐的担忧。面对这个"第一次"，大家既兴奋又惶恐，个个搓着手，忙碌于项目开展前的准备工作。

是"第一次"，也就意味着没有可以用来借鉴的经验，一切都要靠自己摸索，从零开始。在面临着设备差、经费缺、资料少、时间紧等问题的同时，此次项目所需要的人力和财力更是平常项目的1.5倍，而设计时间和交货周期也十分紧迫，相当于要用半年的时间产出一年的工作结果，其难度不言而喻。

无人驾驶项目的开展与之前的车体设计不太一样。如果说车体设计考验的是它的保温、隔热能力，轻便、阻力小的材质等"硬件"条件，那么无人驾驶项目考验的则是车辆控制系统的"软实力"。项目更偏向于车辆控制逻辑程序的设计，而非具体的可以看到、摸到的实物车体设计，没有三维车体模型的搭建，也没有南下北上的调查研究。在本次项目中，臧兰兰和部门全体人员一起根据以往的工作经历，在原有的控制逻辑之上进行更改、完善，形成全场景的安全可靠的无人驾驶技术方案。

太原地铁场景复杂，因此无人驾驶项目的开展需要大量的准备工作和场景模拟。车辆从出库、热身到进站需要设置多个场景，其中包括正常运行的工况，出现故障的工况，应急的工况等上百种车辆可能会面临的情况。所有这些正常的或异常的交通情况，都需要一一考虑到，并做出对应的程序设计，以保证载客的安全和车辆的正常运行。

太原无人驾驶项目与我们平常所说的汽车无人驾驶是不一样的。前者存在着确定的场景和工况，因而可以穷尽所有车辆可能遇到的情况而规定车辆做出对应的运作方式。而汽车的无人驾驶车辆程序常常因为复杂的道路和极大的不确定性而无法投入实际的生产之中。一个形象的例子就是，所有的无人驾驶项目，都需要安装具有自动探测功能的探测装置，如果遇到障碍物的话，探测装置可以自动检测出来。

无人驾驶项目轨道交通所有的场景，都可以提前预设。就像计算机编辑的小程序，编好代码，小程序就可以根据代码的运行逻辑快速运转。车辆厂需要尽可能全面地把轨道交通可能遇到的所有场景进行预设：如正常运行的时候，车辆如何开门、如何关门，到达目的地后又如何提醒乘客下车，回库怎么办，发生火灾怎么应急，车门坏了关不上又该如何处理……这样的闭环设计，需要在车上配备一系列的应急设备，以保障车辆运行时车体的安全。既要提高车体的安全性，又要降低车体的故障率，如果故障率太高，无人驾驶就没办法开展了，需要频繁地进行人工维修；若是安全性不高，则需要配备至少两套备用方案，或者留有预案，以提升车辆运行时的安全性。

正当无人驾驶项目如火如荼地开展时，新型冠病毒猝不及防地出现了，并快速在全国蔓延，打乱了人们日常生活的节奏，也极大地影响了无人驾驶车辆项目的正常进行，给原本毫无经验的项目工作造成了很大的困难。臧兰兰所带领的车体室在无人驾驶项目中的任务是整个项目链中的第一环，只有首环工作进行得顺利并按时交付，之后的设计工作和生产制作才能在规定的时间内有条不紊地逐步推进。

时间一天天过去，眼看项目就要被搁置，车体室成员肩上的担子也越来越重。他们肩上所附着的，是担当、使命，还有对公司的承诺。面对这个重担，臧兰兰所带领的团队并没有轻言放弃，而是选择背起、选择硬扛。快过年了，正是各行各业的打工人踏上归途、与家人团聚的日子。但在春节的前夕，许多车体室的成员毅然决然地放弃了坐上回家的火车，放弃了与家人共度佳节的机会。

在做好安全防护的同时，臧兰兰和部门人员一起统筹规划、精心安排、协同推进项目进度。在她有条不紊的统筹下，

⊙ 2019年3月，臧兰兰（左）与同事在车间组装现场

全员上下一心，坚持计划刚性，根据专项计划精心组织、通力合作，按期完成了无人驾驶车辆项目的生产、调试、交验和发运。

在工厂各部门的互相配合之下，太原地铁2号线无人驾驶项目从着手开始设计到第一辆无人驾驶列车的完成，仅仅用了五个月的时间，开创了无人驾驶列车设计与研发的先河。

当太原地铁2号线无人驾驶列车缓缓地从民众的视线中驶过时，它已成为中车大连机车车辆有限公司、山西省民众以及全国人民眼中一道优美的风景。

无人驾驶列车试运营成功后，有人曾经这样问臧兰兰："大家每天工作这么长时间，不觉得枯燥又辛苦吗？"

臧兰兰回答："克服困难的过程，就像一场充满未知的探险，紧张、挑战、奉献感、成就感充满了整个过程。怎么会觉得辛苦和枯燥呢？"

⊙ 2020年6月，臧兰兰在工作岗位

不屈的"车体魂"

2020年，是城轨技术开发部建立的第十个年头，经过了这么多年的发展、成长，已经升级为城铁开发部，无论是设计队伍，还是运行机制都变得更加完善。

不仅如此，大伙儿也更加团结，成员之间已经形成了一股向心力和不屈的"车体魂"。也正是在这高质量发展规划的关键的第二年，新的任务又降临到了城铁开发部身上。2020年6月，工厂接到了沈抚有轨电车项目（即沈阳沈抚新区有轨电车项目，亦称低地板有轨电车项目）的任务，从着手设计到项目指定完成日期只有不到半年的时间。

"有把握按时交付吗？"在沈抚有轨电车项目的启动会上，项目方的负责人这样问道。

"没问题，我们一定可以的！"臧兰兰及车体室成员掷地有声地回答。

这个项目很有难度，需要短时间内设计出低地板有轨电车车体并装车运行，但在车体人的眼里，再大的困难都已经成了家常便饭，尤其在太原地铁2号线无人驾驶项目设计成功的背景下，大家更是信心百倍。臧兰兰鼓励大家："秉持着合作精神和攻坚精神，这一次，我们也一定可以！"

臧兰兰始终相信他们团队的实力，她认为，生活中的任何人做任何事，只要不放弃，日积月累，自然会水到渠成。因而她从不放弃"千里之行，始于足下"的第一步。过去积累的丰富项目经验给予了臧兰兰和车体室的成员们充足的自信。但这一次，在喊出"我们一定也可以"这句话时，臧兰兰的心在扑通扑通地打鼓，其实她自己也没有百分之百的把握能在规定的时间内交付首车。但开发部的车体设计工作是整个项目的首要环节，如果中途出现任何差错，整个项目都将无法进行下去。正当开发部的同事们忧虑着如何把项目计划制定好并顺利开展下去的时候，看到臧兰兰精神饱满、斗志昂扬的样子，他们的顾虑瞬间就被打消了。

"干就完了。"臧兰兰说。简单的几个字，彰显了车体人攻坚克难的不屈灵魂。对于他们而言，面对挑战已经成为一种习惯，每一次克服困难的过程，都是项目经验和技术储备的积累，而这些积累也会成为更好地应对下一次挑战的经验和宝贵财富。

在沈抚有轨电车积极竞标的阶段，工厂设计研发的工作便已经有序地开展起来了。待到工厂竞标成功时，项目组的前期准备工作已经基本完成。未雨绸缪，是臧兰兰带领团队在处理不同项目时积累的一个宝贵经验，同时也是车体人对这次有轨电车项目充满信心的重要准备步骤。

没想到的是，车体组一开始就遇到了困难。由于项目处于北方地区，传统采暖方案无法满足车辆的采暖要求，尤其是冬季，车厢温度太低，乘客舒适度极差。不仅如此，在低地板有轨电车项目的设计过程中，转向架区的地板面需要尽可能地抬高，而在非转向架区的地板面，则要尽可能地降低，这种因实际需要所导致的车体地面板之间的高低差，令设计工作变得愈加困难和复杂。

采暖技术的局限在地铁车体中尤为明显。地铁和高铁的车体结构是有很大不同的：高铁的车厢长，且只有单头一个门，门与门之间的距离远，开门的时间间隔也长，常常是一两个小时开一次车门。因此，高铁车体内的温度比较容易掌控，更易于保暖。而地铁列车则刚好相反。地铁属于城内交通，运行里程短，使用频率更高，速度更快，人流量大，相应地，车门也比较多。如果恰好是地面线，到站的时候车门一开，东北冬天里零下十几摄氏度的冷风就会迅速往车里钻，车厢内仅有的热量就会全都散出去了。沈抚有轨电车和沈阳地铁3号线都是这样的地面线车辆，保温工作难度很高。

在这样的地面环境下，车辆采暖要想达到地下运行的车辆车厢温度，并不容易。采用增加空调机组内采暖功率的同时，尽可能地增加客室车厢的采暖设备数量，可一定程度上保证车厢内的温度，但是车厢空间有限，可放置加热器的空间不足，且这种方法与地铁载客量的需求产生矛盾。

放眼全国乃至世界，行业内成熟的、依靠其他方法采暖的案例少之又少。在国外，有一种电热地板，即将加热元件复合在车厢的地板里，看起来似乎是个不错的方法。但问题又来了，电热地板的加热元件只有6—8年的寿命，更换地铁地板需要耗费极大的人力和时间成本，看似完美的方法也变得得不偿失。

眼看时间一点儿一儿点流逝，距离项目指定完成的日期也越来越近。技术方案一次次被驳回，臧兰兰和大家心里都很着急。

这一天，像往常一样，臧兰兰和车体室的同事来到沈抚有轨电车上实地检查。站在车厢内，看着来来往往、上车下车的人群和头顶上整齐地悬挂在侧墙上的一个个广告框，臧兰兰转念一想，何不把取暖设备与广告框相结合？既不占用空间，也不会过多增加投入成本。

回到车体室后，臧兰兰提出了自己的想法，得到大家的一致赞同。有人提出将碳纤维加热的技术应用在沈抚有轨电车车体的保暖上。通俗来讲，就是把碳纤维加热的技术复合到车厢内的广告框上。这是一个创新型设计，在国内也是首次尝试使用。它的优点在于：首先，碳纤维本身附着在悬挂在侧墙上的广告牌里，并没有占据车厢的使用空间，因此不会影响到乘车体验，就不会减少地铁原有的载客量。其次，碳纤维寿命长，

⊙ 2020年4月，臧兰兰在车体室加班工作

且装卸方便，随着广告框的更换来进行定期拆卸，非常容易，省时省力。第三，碳纤维不仅可用于广告框上，也可复合在座椅上加热座椅。

沈抚有轨电车项目的保暖举措，当时仍处于探索阶段，虽然已经取得了一些成绩，但仍然缺乏成熟的技术。在车体室空调会上，臧兰兰就地铁保温效果差的现状，提出地铁地面线再多开发一些像碳纤维广告框这样的比较好的小型采暖设备的想法。此观点一经提出，得到了国内其他车辆厂的积极回应，有不少车辆厂意识到了这个问题的严重性和迫切性，已经开始有人进行小型采暖设备的研究，新的优良的设计方案也不断涌现。2021年，此列车针对冬季采用空调电暖+电暖器+电加热广告框的立体组合供暖方式，优化了列车保温隔热结构，确保在寒冷天气时车内温度不低于18摄氏度。在臧兰兰的带领下，最终使沈抚有轨电车具备了更强的智能性和更佳的舒适性。

青年，是一个家庭的担当和支柱，是一个国家建设和发展的主力军，更是一个民族的希望和未来；青年，是一把熊熊燃烧的火炬，他们英勇而无畏，怀揣着十分的热情，积极拥抱每一个不可预知的明天；青年，不仅仅是一个人生阶段，更承载着一种昂扬的精神。

面对国内轨道交通行业突飞猛进的发展趋势，中车大连机车车辆有限公司开启了城市轨道车辆产品研发的相关工作，以实现和满足中车大连机车车辆有限公司乃至国家城轨产业多元化的发展需要。作为一个新兴的行业，城轨车辆对于公司来说不仅仅是一个新鲜的事物，更是一个充满未知和不确定性的领域。公司以往的项目经验，并没有可以拿来用以衡量的标准，也没有有经验的前辈和专家加以指引，更谈不上什么可以参考的样车了，但对项目成品的要求却非常高。

面对这无标准、无经验更无样品的艰难任务，臧兰兰带领着一群年轻人，一群不怕吃苦、迎难而上的青年，勇敢地挑起了这个重担。一群新生力量的加入，壮大也更新了车体室的原生力量，他们组建了城轨组，一点儿一点儿向前摸索着城轨车辆的设计图纸，开掘着前进的道路。他们大多是刚刚毕业几年的年轻人，平均年龄也只有二十六岁。

这便是车体组最初的样子。虽然一切从零开始，但这些年轻人眼里含光，心有猛虎。多年的钻研和求索，既有起伏跌宕、千磨百折，也曾峰回路转、云开月明。中车大连机车车辆有限公司第一列以VVVF技术为主导的电动客车的试制成功，这不仅是公司的第一次，同样也是我国车辆史上的第一次。不仅为我国轨道行业的空白之处画上了浓墨重彩的一笔，也为公司城轨车辆的车体结构设计开辟出一条崭新的道路。

有了成功的项目作为标杆，前进的道路变得愈发坦荡顺畅。在电动客车的基础上，负责车体结构设计的年轻团队又成功研制了第一列不锈钢城轨车辆车体。在那以后，又陆陆续续成功完成了多个国内外的优秀项目。

在车体室里奋斗、创新、开拓的年轻人们，也被赋予了一个响亮的称号——车体人。车体人，车体魂，那不仅是"有责任，有担当，团结友爱"精神的象征，也是"追求创新，勇于开拓"的代名词。自成为"车体人"的那个时刻起，这群年轻人的心目中便留下了一个深刻的烙印，"城轨车辆的努力不仅仅是设计产品，更在于为城市打造属于自己的名片"，城轨车辆并不是毫无感情的搬运机器，而是一代年轻人、一个城市灵魂的结晶。

第五章　挚情铁骨，赓续信念

从大连制造到大连"智"造

随着城市轨道交通行业的不断发展，需要的专业型人才也越来越多。除了车体的设计，地铁的运维工作也是车体室工作的一大难点。如何能在车体出现故障时，精准地检查出故障的部分并进行高效维修而不影响车体的正常运行，是困扰车体人的一大难题。传统的计算机技术主要在于数值的计算和数据的处理。随着计算机技术的迅猛发展和应用范围的迅速扩大，具有"智能"性的计算机越来越得到人们的青睐。智能计算机具有推理、知识库管理、场景预判应变、自然语言理解等功能。近年来，人工智能有了较快的发展，在国民经济中发挥着越来越重要的作用。不可否认，智能运维技术的应用将影响我国交通行业的发展前途，也就必然会影响城市轨道车辆的发展前景。为了推动这项技术在中国轨道交通行业中的应用，在中车大连机车车辆有限公司城市轨道项目的发展中，臧兰兰多次在部门进行宣传工作，不厌其烦地向同事们介绍智能运维系统的好处。

检查地铁空调中滤网的脏堵程度就是一项步骤烦琐的"工

程"，设备的调试、安装，都得用人力。空调内部的情况用肉眼无法观察到，需要工作人员一个一个地进行拆卸、检查，清洁滤网，然后重新安装。为了节约人力和人工成本，臧兰兰决定升级城轨车体运维体系，以智能运维系统代替日常的人工检修维护，工作室开展了基于大数据分析、故障诊断及预测的车辆智能运维系统方面的技术攻关工作。

臧兰兰与车体人在地铁的空调滤网前后都安装了压力传感器，传感器监测到数据后计算出差值，这样便可以通过压力之间的差值，来判断滤网是否需要更换或者预估什么时候需要更换。另外，车门之间防夹的压力值和电流大小也可以通过运维系统监测到，若将这两个数值与提前设定好的标准值相对比，就可以清楚地判断出车门是否运行正常。如果数值产生了变化，也可以通过变化的阈值估算出故障出现的大概时间，从而达到提前预警的目的，保证地铁的正常营运。智能运维系统除了可以提前预警，同样也可以及时报修，如果车门磨损严重，系统会提醒工作人员尽快进行维修。

总的来说，作为车辆智能化发展的重要组成部分，智能运维系统提高了轨道车辆运行安全的可靠性，降低了人工运维成本，更是提升了运营及维修效率。臧兰兰根据当前的市场需求及行业技术发展趋势，在现有的技术储备基础上，增加了对城市轨道车辆运维数据的全方位覆盖和接入研究，充分采集了从车辆运行到车辆检修维护全过程的数据，包括车辆运行状态及故障数据、车体外部件轨旁检测数据以及车辆维修和管理数据，综合应用物联网、边缘计算、云计算、大数据等技术，通过建设地面运维平台，为列车运营调度中心及车辆段各专业车辆检修提供基于数据支撑的辅助决策内容。提高了列车运营的可靠性、行车安全性，并且提高了检修效率、检修质量，降低了人员投入，减少了管理成本，为地铁的安全运营提供了保障。

　　上述智能运维系统建设范围包括：依托列车控制与信息服务网的整车及关键部件运行数据采集处理、依托车地通信网络的远程数据实时采集与发送、地面智能运维系统的软硬件架构设计与搭建，以及智能运维系统的大数据存储、管理及分析应用。臧兰兰带领工作室成员开展智能运维系统课题攻关，开启了大连机车车辆智能化发展的里程碑。目前，他们已经将智能运维系统落实到具体的项目中，天津地铁Z4项目，西安地铁6号线项目，太原地铁2号线项目等已开始实施车辆智能运维系统的落地建设工作，逐步实现了从大连制造到大连"智"造。

劳模创新工作室

在被评为劳动模范、做好自身能力提升的同时，臧兰兰开始思考如何影响并带动周围的同事一起成长成才，共同创新创效。在工会的指导和支持下，在学习和参加公司、行业内的劳模工作室以后，臧兰兰提出也要成立一个工作室，目的是为大家提供一个共同学习、快速进步、勇于创新、攻坚克难的良好的发展平台。

2018年10月，一个以学习为基、创新为魂，致力于员工更高效地掌握新技术、了解新理念、推广新经验、解决新难题的创新工作阵地"臧兰兰劳模创新工作室"应运而生。工作室在工会领导的指导下，在臧兰兰的配合和带领下，由车辆生产全流程的研发、工艺、生产等相关技术人员和技能人员组成。

作为工作室的领军者和带头人，臧兰兰努力发挥劳模工作室的阵地作用，带动整个工作室的成员共同前进。工作室的成员们秉持着创新发展的工作理念，不断完善创新创效的工作机制，拓宽各项任务申领渠道，设定近期及中长期规划，画好车辆发展的蓝图。臧兰兰将之前在城轨部门多次积累的不同项目的宝贵经验，梳理成一份份资料，搭建起多个技术平台，其中包括城铁不锈钢车体技术平台和铝合金车体技术平台。她还自主完成了多个项目多个车型的车体结构、内装、客室空调系统、车端系统的设计与规范化等工作。

工作室自主创新的车体轻量化技术，大幅提升了公司及行业内城轨车辆的节能环保水平，这在广州地铁13号线二期车辆等研发设计项目中已经得到了充分应用，让城市地铁的车辆变得更为轻便快捷。除此之外，工作室还完成了车体轻量化技术攻关工作，成功突破了车辆轻量化技术瓶颈。车体结构占整车重量的20%—30%。结构的轻量化对整车轻量化具有重大意义。整车的轻量化不仅能降低运行阻力，节省牵引制动能耗与轮轨的磨耗，还能够降低车辆与轨道的维护成本，减少制造所用材料。城铁车辆结构材料经历了由碳钢到铝合金的变化，整车重量降低近50%。铝合金车体轻量化水平达到国内乃至世界同行业领先水平，在此基础上，臧兰兰创新地提出了结构优化与整车性能的提升、设计制造可行性并重，新材料应用与维护经济性、节能环保性并行的研究理念。目前，在主要承载结构和关键系统部件的轻量化方面，车辆在非承载结构、装饰部件的轻量化方面，均已有所突破，技术水平与研究成果均处于同行业领先水平。

2022年，臧兰兰带领劳模工作室着手进行国内首创的量化铝镁合金车体研发设计，集中优势资源开展"铝镁合金在车体上的应用技术研究"等相关方面的技术攻关，这一技术突破预计能够进一步降低20%—30%的车体结构重量，为轨道行业新材料的应用指明新的方向。

工作室在无人驾驶技术方面也实现了自主创新。作为下一代列车的发展方向，无人驾驶技术采用高度自动化的系统，由控制中心用大型电子计算机监控，整个线路网的站际联系、信号系统、列车运行、车辆调度等完全实现自动化。为填补公司相关领域的空白，完善产品谱系，实现相关技术突破。臧兰兰以太原地铁2号线无人驾驶车辆项目为研究对象，深入研究了无人驾驶与智能运维技术的搭建原理与设计思路，建立起了车辆智能化技术平台，让中车大连机车车辆有限公司率先进入智能化运维系统的时代，既实现了无人驾驶技术的自主创新，也实现了公司首次在无人驾驶领域的尝试。太原地铁2号线无人驾驶车辆满足铁路应用设施城市轨道交通安全要求（EN62267）标准中最高的GoA4等级要求。臧兰兰的徒弟，也是工作室的成员郎艳、李亮作为该项目的设计主管，仅用5个月便完成了设计研发工作，创造了全自动无人驾驶地铁车辆研发的最快纪录，展现出前期技术储备的重要性与工作室搭建的技术平台的实用性。

目前，臧兰兰团队研发的车体技术及搭建的技术平台已成功应用到多个项目中，创造经济效益近80亿元；申请并获授权发明专利6项、实用新型专利15项；主持完成的"大连202轨道延伸线100km/hB2型不锈钢车辆研制"获辽宁省科学技术三等奖，"天津地铁2号线不锈钢车辆"项目获集团科技成果二等奖。臧兰兰和工作室成员始终在创新进取的道路上不断前进。

信念的传承者

师艺的传承，不仅是技艺的传授，更是一种精神的赓续。

在这样一个飞速发展的现代化社会中，器械完备的工厂，能够处理复杂程序的工程师，完整的产业链条，一套套器具齐全完备，一道道工序精简高效，这些都极大地提升了人们的工作效率，让人类社会迈进了更为先进的轨道，而师艺的精神、文明的内核却往往被忽略。

作为大连机车城轨部门的领军人，在车辆领域经过二十多年的追寻、锤炼和沉淀之后，臧兰兰在技术上、团队合作上都形成了自己的一套心得和方法论。工作的重点也渐渐发生了转变：从对新知识满怀热情地钻研、学习，转变为将已有的经验和知识进行沉淀、整合与传递；心态上也从更加重视技术创新过渡为信念赓续。

城铁开发部不断地有新生力量加入。2022年，城铁开发部又有将近三十名新成员加入。如今，在城铁开发部这个一百九十多人的集体中，大都是毕业不久的青年学子，一双双眼睛澄澈而明亮，一张张脸上还挂着未脱去的稚气。

看着同事们充满斗志的脸庞，臧兰兰便会想起1999年刚刚踏入大连机车车辆厂的自己。那时的她刚从校园步入社会，没有什么工作经验，车辆厂的前辈们给予了自己很多包容和照顾，让一个初出茅庐的大学生感受到了车辆厂这个大家庭的温暖。组里的几位老同志也给了臧兰兰很大的帮助，他们像长辈、老师一样，从设计思路、工作作风等方面尽心尽力地帮助臧兰兰。一位老大姐在调走前，还特意把臧兰兰叫到工作室里，把她多年积累的心血，设计方案资料和车体详情细节介绍都给了臧兰兰，又和她促膝长谈，指出她当前存在的缺点与不足之处，教会她如何做一个合格的车辆车体设计师。对于一名实体设计工作人员而言，技术资料便是生命的一部分，这令臧兰兰非常感动。

现如今，臧兰兰自己也成了年轻人们眼中的前辈，她心心念念着把这份同事之间的温情继续传递下去，把自己积累的工作经验和设计技术不遗余力地传递给年轻人，用自己的经历来引领他们、指导他们，帮助他们在这个行业找到自己的价值和前进的方向。同时，她更加希望能够把拥有一百多年发展历史的机车摇篮——中车大连机车车辆有限公司所孕育的开拓创新、不畏困难的拼搏精神说成一段段故事，讲给年轻人听，激发他们团结一致、不遗余力克服困难的昂扬斗志。

臧兰兰充分利用了劳模创新工作室这个平台，搭建起了城轨车辆设计的共享平台，并积极鼓励大家把表现优秀的作品展示在劳模示范作品展上；带头在车体室里开展"师带徒"活动，并带领有经验的专家和设计师编撰了许多有用的培训手册和指导方法，邀请车体室内工作经验十分丰富的技术专家为年轻一代讲述设计要点与生产活动中碰到的典型案例；在原有技术和管理模式的基础上进行了创新。

"开拓创新"是城铁开发部一直以来的宗旨和目标，作为车体室主任，臧兰兰毫不犹豫地将"创新"作为工作的重要任务，带领车体室成员实现了工作室技术、管理两个方面的创新。在技术上，实现了将研发模式从分析模仿转向自主创新的飞跃；而在管理上，则摒弃了以往的研发模式和出图方式，转变为协同研发和工位化出图等管理模式，实现了管理模式的提质升级。

终身学习、与时俱进是臧兰兰的人生信条。她常说要"睁眼看世界，切不可以闭门造车。"在观念和思想上，臧兰兰也时常教导车体室的成员们要密切关注时代发展的趋势，跟上社会发展的步伐。这就要求成员们不仅要在技术上、管理方式上进行创新，更要有思维、意识上的创新。

时代的发展是日新月异的，城轨交通的发展亦是如此。从20世纪末至今，短短几十年的时间，车辆的动力已经从使用柴油的内燃机发展到快捷便利的电力；车体的制作材料也变得越来越轻薄，车内隔音、保暖效果越来越好。这也意味着对有发展型思维的人才需求越来越高。

随着科学技术的不断发展，人们出行的需要也不断变化、升级，这又决定了工厂的发展需要，继而决定了企业部门的发展需求和人才的发展需求。为了各方协调共进，臧兰兰提出不能只专注于人们的需要，而忘了公司生产能力的实情。"我有两个面向。第一个，面向生产制造端。创新性设计需要结合公司生产能力的实际，不可好高骛远，不切实际；第二个，面向最终的用户。设计出来的产品能够满足人们的需要，才能发挥它的价值。"臧兰兰说。创新意识，不仅要有一双与时俱进的慧眼，更要摆正理想与现实之间的天平。

另外，臧兰兰以身作则，有责任，有担当，以自己的实际行动为车体室的成员们树立了良好的榜样。无论哪个项目出了问题或者遇到了难题，臧兰兰都会主动担当、挺身而出。在她的影响下，出现任何问题，车体室的成员都会团结起来，共同去解决，从来没有发生过不负责任的推诿行为，形成了良好的工作氛围。

经过团队成员的共同努力，部门成员的整体工作水平得到了显著提升，知识广度也不断拓宽。团队内部也形成了争相创新、争向劳模学习的文化氛围。良性的创新式工作机制，为车体室成员产品的设计提供了多样化的思路、想法和声音，使得车体室人才的发展更为多元化，为车辆厂技术的积累与文化的传承、创新打下了坚实的基础。

尽责的领路人

优秀的设计师往往需要千锤百炼，才能百炼成钢；而优秀的引路人，往往懂得循循善诱，因材施教。

在一次城轨项目的进行过程中，一位新人设计师对项目设计图的各个部分构成考虑得不够周全，导致设计的结果在数据上与原本的计划不符，出现了偏差。一个小小的失误，却给后续的生产过程造成了极大的压力和无可避免的损失。

臧兰兰亲历过上百个实战项目，或从零开始，或在原有项目基础上完善进步，也曾遇到过无数的挫折和挑战。身经百战的她，作为城轨车体室主任和本次项目的主要负责人，却没有为自己工作室的新人把好关，她的内心很是自责。

自那以后，臧兰兰便开始琢磨怎样做才能更好、更高效地促进年轻人工作经验的积累，如何做好车体设计技术的传承，让新入职的年轻人更快速地抓住重点，掌握车体设计的技术，并能够独立进行项目设计工作而不出现基础性和原则性的失误。答案只有一个，那就是增加实战经验，制订严谨的工作程序和检查方案，让年轻人有更多锻炼的机会。"演习"多了，

"上战场"时才会游刃有余。

新来的年轻人进入车体室后，臧兰兰并不急着给他们安排工作，而是像一位良师益友，和他们每个人进行一对一的深入交谈，依照他们各自的兴趣爱好、长处优势安排他们在车体室里未来的专精方向。在实地工作的过程中，原本由本臧兰兰亲自执行的工作任务，她也都退隐到后台，充当一个"军师"的角色，给予年轻人充分展现自己能力的舞台。但每当项目行进至关键时刻，臧兰兰又会挺身而出，穿梭于新人们的工作台之间，为他们实践上的困难提供技术上的指导和精神上的支持。"严谨认真，细致周到，稳妥可靠，万不失一"，多年的磨炼，让这十六个字已经深刻地印在了车体室每一个成员的心中。年轻人自觉行动，形成了一整套严格、规范的制度。每一项工作的开展，每一道程序的进行，每一步操作的执行，每一个细节的检查，都有十分严格的要求。需要逐项列表、逐条登记，最后是操作人签字，一丝一毫都不能出错。也正是这严密的工作程序、严格的工作要求、严谨的工作作风，保证了臧兰兰带教伊始便很少出现差错。

独立担任项目负责人，可以增强年轻人的实际动手能力和应变能力，而专业的指导则可以挖掘他们的创新能力和思考的深度，促使他们迅速成为车辆厂的支柱人才和中坚力量。经过两到三年的悉心培养，经臧兰兰指导的新人在各自的工作领域都有了很大的进步：臧兰兰的徒弟彭志刚在经过两年的历练

⊙ 2021年6月，臧兰兰在劳模创新工作室内培训新学员

后，在技术上已经可以独当一面，成为车体室的空调系统技术专家；郑福强，五年前还是一个青涩的小伙子，现已成为车体室主管，可以独立承担完整的项目管理工作；而车体室副主任李文斌，刚上任时基础业务尚不熟练，如今，处理各种应急问题、突发事件也都成熟了很多。

每一个项目的车体设计工作，臧兰兰都看作一个城市赋予他们的崇高任务和神圣使命。在臧兰兰勤于进取和不懈奋斗的影响下，车体室前前后后累计进行了将近三十个国内项目、十几个海外项目的城轨车体设计，促进了大连机车城轨车辆项目的高楼平地而起，实现了由国内到国外的飞跃；也促进了我国城市轨道行业的发展、交通强国的建设。臧兰兰为擦亮国字品牌做出了自己的贡献。

车体人有着为国家发展做贡献、铸造大国重器的质朴初心和为大连市、中车大连机车车辆有限公司打造文化名片和品牌形象的美好梦想，精神上的凝聚力让大家紧密地团结在一起，营造出一种浓浓的"家"的味道。作为车体室主任的臧兰兰，对自己周围的人总是拥有着火一般的热情。

个人灵魂的高尚与否，只需看他在劳动者面前的态度。这几年，由于新项目层出不穷，臧兰兰与车间工人们建立起了紧密的联系。她每天都要去工厂生产服务，了解生产情况。时间长了，她逐渐熟悉了车间的每一位工人，并由衷地对他们产生了一种发自内心的尊敬。她认为，自己的设计蓝图，车体室的设计成果乃至人们的出行便捷，都与工人们的辛勤工作有着不可分割的联系。没有车间，没有匍匐在这里的一位位辛勤的工人，也就没有车体室设计成果的实际成品。工人们也都特别喜欢臧兰兰，亲切地称呼她为"臧教授""臧老师"。车间工人们根据设计图纸进行生产安装，出现问题时，一个电话打过来，臧兰兰就会尽快地安排好手中的工作后赶到车间，她一去又准能很快找到原因，手到病除。她不厌其烦，一遍又一遍地给工人讲清道理和操作要求，工人们也十分愿意向她请教。车间主任说："和我们在一起，看不出她是一个设计工程师、一名教授。臧兰兰是我们最信得过的设计工程师，这几年她等于亲临现场，给我们大伙儿进行了一次次的技术培训。"

对待自己的徒弟，臧兰兰更是言传身教，悉心指导。郎艳是臧兰兰的第一个徒弟。2010年，郎艳来到了城铁开发部车体室这个温暖的大家庭。在与臧兰兰共事的十三年里，郎艳收获了设计技能上和心灵上的双重滋养。

一次，郎艳首次作为项目主管接手了大连地铁5号线的设计项目，由于没什么经验，她常常需要一边学习设计知识，一边开展工作，工作进程推进得比较慢。其中，城轨车体设计中内饰安装的生产任务最为艰巨，这是因为不同车体零件的排列顺序，每个嵌合部位公差的计算方法与误差范围都需要专业的现场指导，特别耗费体力和精力。面对这耗时耗力的"巨型"工程，郎艳犯了愁。一天，臧兰兰来到安装现场查看项目进展情况，郎艳像看到了救兵一样急忙跑来向她讨教以往提升效率的做法。臧兰兰看着跑前跑后与安装工人沟通交流的郎艳，一眼便明白了问题所在。回去后，她伏案临摹，耐心细致地将零散无规则的设计图纸做成了一张令人一目了然的精简图，又按照顺序将排列好的图纸整合成了一个文件夹。

郎艳看了恍然大悟，一拍脑袋，说："这么简单的道理，我怎么就没有想到呢？"这样，安装工人无须专业负责的人一直在身旁指导，便能清楚明晰、毫不费力地将内饰部件安装得很完美，极大地节省了人力成本和沟通时间。自那以后，臧兰兰给每个项目都配套编写了安装技术说明，不仅让工人安装变得更为轻松，也让后续检查的工序更为便利，得到了安装工人和设计师的一致赞扬。她语重心长地对郎艳说："及时发现问题，解决问题，最重要的就是找到问题存在的根源，然后静下心来，从根源上入手去解决问题，就会取得事半功倍的效果。"

在臧兰兰春风化雨般的悉心指导下，车体室的年轻人在前进的路上飞奔着。

2019年，车体室成员在设计太原2号线车体项目时，遇到了困难，车身刚度的计算结果每次都不符合预期。这是大连机车第一个A型不锈钢车体项目，领导们都非常重视。郎艳作为这个项目的主要负责人，查阅了很多资料，忙前忙后，然而计算结果还是不理想，急得她团团转，活像热锅上的蚂蚁。眼看时间一分一秒地流逝，距离项目的截止时间越来越近，郎艳连忙找来自己的师傅臧兰兰协助。

臧兰兰耐心地听完郎艳讲述车体项目组遇到的困难，先安抚她的情绪，让她静下心来，随后帮助她根据太原2号线项目实际操作中所遇到的问题，按情况进行分析、梳理、排查，不断优化着设计方案，调整着设计思路。功夫不负有心人，在分析了几十种可能出现的复杂情况、更改了上百种设计方案后，她终于把计算结果优化到了一个合适的阈值内。

郎艳从臧兰兰身上学到的，不仅仅是条理分明、逻辑清晰的设计思路，娴熟的设计手法和设计技术，还有臧兰兰身上所具有的一丝不苟的工作态度和不畏困难、勇往直前的魄力。

能够遇见这样一位师傅，郎艳感到非常幸运。在她的心中，师傅是靠山，也是底气，她不仅授人以鱼，更懂得授人以渔。平时的臧兰兰，不争不抢，但当项目组遇到难题，她便站出来独当一面。看起来温柔平和的她，一旦参与到工作的讨论之中就立刻变了个样儿，她纲举目张、条理清晰、论据鲜明，很难不令人信服。

作为城铁开发部车体室的表率和模范，臧兰兰以负责认真的工作态度和胸怀宽广的人格魅力，感染着车体室的每一个成员。在徒弟们的眼中，作为师傅的臧兰兰的脸上经常挂着和蔼自信的笑容，她遇事果断，善于思考，遇见挫折常常可以逢山开路，遇水搭桥。她经验丰富、学识渊博，对于向她求教的人从不吝啬，知无不言、言无不尽。时间久了，渐渐形成了臧兰兰所特有的亲和力与感召力。

犹记得工作的第一天，初来乍到的郎艳向师傅臧兰兰请教了几个城轨车辆空调设计的相关问题。"车辆顶棚两根结构梁之间的公差数据，有什么作用呢？如果出现偏差会怎么样呢？"

臧兰兰听完后，微微一笑。有郎艳这样善于思考、勤于发问的学生，臧兰兰很高兴，但她没有立刻做出解答，而是先引导性地问了郎艳几个与机车车辆知识相关的基础问题。郎艳在学校里成绩很好，专业课知识学得非常扎实，很自信地回答了出来。臧兰兰满意地点了点头，随后带着郎艳，顺着这几个回答的思路发散开来，做了进一步的扩展和延伸。臧兰兰不仅给郎艳讲了公司当下正在用的空调设备、机器型号的特点，还把机器的工作原理和设计要点以及现代空调机组的进步趋势和演进规律等知识给郎艳梳理了一遍。为了便于理解，讲完这些知识点后，臧兰兰又让郎艳把自己提出的问题和开头几个简单的问题串联在一起。

碎片化的知识突然连成了一条线，系统化地呈现在了郎艳的眼前，郎艳豁然开朗，欣喜不已。

虽然臧兰兰是车辆行业的权威性技术专家，但她从来不会拿"官腔"，每次郎艳向她请教关于项目设计的问题时，她都会停下手头上正在做的事情，耐心细致地给郎艳解答，并在此基础上延伸拓展出很多相关的工作内容。面对郎艳提出的一些稀奇古怪的新想法，臧兰兰也从来不会急于否定，相反，她会认真地询问、理解、学习这些想法，问她为什么这样想，一步一步地引导，并鼓励徒弟用实际行动来验证自己的想法。

在专业方面，臧兰兰不仅有耐心，善于引导学生，还十分具有前瞻性思维。作为城轨车辆技术设计的专家型人才，她时常关注车辆行业的最新动态和城轨前沿消息。每当车辆行业有什么新的成就或研发出新技术时，她都会第一时间分享给大家，生怕漏掉什么有价值的信息；除了专业方面的精益求精，在日常的生活中，臧兰兰也十分热心地关照车体室的青年新人，关注他们的饮食健康和身心状况。作为导师的臧兰兰没有导师的架子，她幽默风趣，经常和大家谈心，为大家排忧解难，车体室的青年们都称她为"知心大姐姐"。

光荣的传递者

2020年11月21日，是一个令臧兰兰难忘的日子。这一天，她起了个大早，怀着无比激动的心情，穿好衬衫、戴好领结，带着全体大连人的嘱托，同大连辽宁团的其他劳模一起，踏进大连火车站，前往辽宁省人民会堂。大连市的人们为劳动模范和先进工作者们举办了欢送仪式，臧兰兰一行人胸前佩戴着大红花，斜挂着红色的字幅。出发前，大连市常委及市领导专程到大连火车站的贵宾室为劳动模范们送行，向他们致以崇高的敬意，这一切都体现了人们对新时代最美工作者的关爱、重视和对劳模精神的赞扬。第二天，臧兰兰与众劳动模范一同前往北京友谊宾馆，在站台上列队出发时，周围的乘客也纷纷向这支队伍致以敬意。去往北京的路上，处处可见向劳模学习、向劳动者致敬等号召标语。

2020年11月24日上午10点，全国劳动模范和先进工作者表彰大会在北京人民大会堂中心礼堂隆重召开。臧兰兰热血沸腾，在庄严的乐曲中，全国劳动模范和先进工作者代表依次登上主席台，将双手捧在胸前，接过党和国家领导人为他们颁发

⊙ 2020年，臧兰兰参加全国劳动模范表彰大会

的全国劳动模范荣誉证书。劳动模范们犹如闪亮的坐标，坚守岗位、初心不改，在实现国家富强、民族振兴、人民幸福的追梦路上，用自己的奋斗故事诠释着劳模精神、劳动精神、工匠精神。

接着，由中国航空发动机集团有限公司沈阳黎明航空发动机（集团）有限责任公司高级技师洪家光代表全国劳动模范和先进工作者宣读了倡议书，向工人阶级和广大劳动群众发出倡议，争做听党话、跟党走的排头兵，建新功、立伟业的主力军，本领高、能力强的奋斗者和讲团结、促和谐的带头人。

在全场热烈的掌声中，习近平总书记发表了重要讲话，代表党中央、国务院，向受到表彰的全国劳动模范和先进工作者表示热烈祝贺，向为改革开放和社会主义现代化建设做出突出贡献的我国工人阶级和广大劳动群众致以诚挚的问候。

光荣属于劳动者，幸福属于劳动者。劳动模范是民族的精英、人民的楷模，是共和国的功臣。要大力弘扬劳模精神、劳动精神、工匠精神。

习近平总书记提出了许多新思想、新观点、新论断，具有鲜明的时代性、深刻的理论性、现实的指导性；进一步丰富和发展了马克思主义工人阶级和工会理论，为弘扬劳模精神和工人阶级伟大品格、做好新形势下的工会工作指明了方向。习近平总书记高度评价了工人阶级和广大劳动群众在中国特色社会主义伟大事业中的重要地位和作用，充分肯定了全国劳动模范和先进工作者的卓越贡献和崇高精神，发出了"勤于创造、勇于奋斗"的行动号召，汇聚起奋进新征程、建功新时代的磅礴力量。号召人民群众自觉把人生理想、家庭幸福融入国家富强、民族复兴的伟业之中，切实肩负起新的历史使命，做新时代的追梦人。

当习近平总书记在讲话中指出"劳动模范是民族的精英、人民的楷模，是共和国的功臣"时，臧兰兰不禁热泪盈眶。"共和国的功臣"，还有比这更高的荣誉吗？这让她更深刻地认识到"劳动光荣、知识崇高、人才宝贵、创造伟大"。

臧兰兰不禁回想：自踏入大连机车车辆厂，走进城市轨道交通这个国之命脉行业，国家、人民和车体室便带给了自己数不清的历练和成长，也正是这些磨砺铸就了她的坚韧、不屈和坚持。迈入21世纪的中车大连机车车辆有限公司，一直保持着高质量的飞速发展，产品、项目不断更新换代，成员的专业知识和设计能力也与时俱进。作为公司三大核心部门之一的城铁开发部车体室，它的旗帜屹立不倒，而为其摇旗呐喊的旗手，正是臧兰兰。每当项目组遇到困难和挑战时，臧兰兰总会第一个冷静下来思考相应的对策，并安抚身边的同事："别怕，遇到困难是再正常不过的事情，困难再多、再大也没有关系，只要找对方向，努力冲就完事了。"在研发设计的过程中，面对烦冗复杂的研发任务，她也会拍着胸脯，温柔而坚定地对部门全体成员说："请放心，保证按时完成任务！"这是常常挂在臧兰兰嘴边的两句话，虽然朴实无华，却坚定又充满了力量。她深深地扎根于自己的岗位上，尽职尽责，拼尽全力，本着"逢山开路，遇水搭桥"的原则，率领团队成员解开了一个又一个难题，以切实的行动，激励着自己和身边的同事，给人踏实可靠的安全感。

每当有人称赞臧兰兰，她总会笑着说："个人的力量是有限的，我只是做好了自己力所能及的事情。团队的力量才是不容小觑的，只有强大的队伍，才能创造出更多、更大的辉煌。"臧兰兰所代表的，不是个人的荣耀，而是一种集体的精神，是一种朝气蓬勃、积极进取的昂扬斗志，更是一个团队不可缺少的开拓创新、不卑不亢的中坚力量。如今，臧兰兰已年至不惑，在技术上，她努力将过去的经验量化、可视化，工作台上一份份千字文件、一张张设计图纸、一个个技术方案都是她成长、奋斗的见证；在精神上，她始终秉承着开拓创新、争当人先的前进意识，心里时刻准备着为一项技术的完善奉献自己的力量，仍然以自己的实际行动践行着工匠精神，努力追求着车体质量、技术与外观上的完美，她始终秉持着精益求精的态度和精神，并努力将这种精神传承下去。

回望工作的漫漫二十余载，她十分感激公司和城铁开发部。正是公司的这片沃土让她不断成长成才，是公司胸怀全局、团结协作、无私奉献的摇篮精神指引着她前行，也正是城铁开发部的兄弟姐妹们共同披荆斩棘、义无反顾的力量让她有

⊙ 2022年2月，臧兰兰（中间）和同事们在新年开工第一天合影留念

⊙ 2022年7月，臧兰兰参加中国共产党中央企业系统（在京）代表会议

了坚强的依靠。作为城轨交通领域的一名专家级设计师，臧兰兰虽然带领部门成员一路披荆斩棘、开拓创新，做出了许多成绩，但劳模精神的传承和发扬仍然还有许多工作要做。在未来，她会将摇篮精神传承下去，让青年们能够继续立足本职，提升自身能力；无私奉献，带好身边团队；坚守初心，弘扬劳模精神；努力把公司建设成为轨道交通及相关领域最值得信赖的综合服务供应商，为中国中车建设"好优美高强"贡献自己的力量。

表彰大会结束后，一行人走在回家的路上。臧兰兰同大连全体劳动模范一起，乘坐高铁返回大连。在大连北站站台，市委和市总工会的领导迎接劳动模范，并举行了热烈的欢迎仪式。从北站出来后，公司以及工会的领导和同事，分别代表大连机车和城铁开发部早早在此迎接臧兰兰，让人感到无比的感动和温暖。这时候，车辆厂突然传来了精益调研延期的消息，刚获得表彰的臧兰兰一拍大腿，脸上露出了喜悦的笑容："太好了！我可以亲自去了！"车辆行业于她而言不仅仅是扛在肩上的责任，更是热爱并值得奋斗终身的事业。臧兰兰是榜样，是模范，亦是城轨车辆设计领域的巾帼工匠和领军人。相信在她的引导下，中车大连机车车辆有限公司的城轨业务一定会在一次又一次的突破与创新之中，持续高质量地发展！